「神」と「わたし」の哲学

キリスト教とギリシア哲学が
織りなす中世

八木雄二

春秋社

はじめに

言うまでもないことだが、ヨーロッパ中世の哲学の研究にはラテン語などのヨーロッパ言語の習練が絶対に必要である。しかし、わたしは日本語が好きだった。古今和歌集や新古今和歌集の和歌の調べにほっとするタイプの人間だった。じっさい、長い間、ラテン語には辞書を引いて読むだけの空虚な観念しかなかった。中学から教えられてきた英語さえも、わたしにはピンと来ることがなかった。

とはいえ、中世哲学の理解を日本語でなんとかしようと当初から意識していたわけではない。他大学には世界に通用する研究を目指している優秀な研究者たちが大勢いた。一方、たしかにわたしは、自分の研究がヨーロッパ世界に対して、たとえば英語で発表できる研究であることを目指していなかった。わたしの研究は日本語で考えている「わたし」の、その「わたし」が満足したいと思っているだけの研究だった。

世界に通用することを目指している研究者たちは外国語の論文を幾つも渉猟していた。振り返ってみれば、彼らと協働することができない人間が、「わたし」だった。言うまでもなくヨーロッパの学問研究は、それが人類共通の学問であるなら、つねに国際協力が本来であるに違いない。

自分にはそれが、どうしてもできなかった。

晩年を迎える今頃になって、そのことに気づくようになった。「協力する」ことを美徳としている日本人の中で、ほとんど読書会にも参加しようとしないわたしは、国際的な視点でまじめに努力する研究者たちには理解されない研究をしていたのかもしれない。

とはいえ、日本の読者には、ようやく「わたし」が満足することになった「わたし」の中世哲学理解を、きっと理解してもらえると期待している。多くの読者は、「わたし」と同じく日本語で考える習慣をもつに違いないからである。少なくともわたしは、ヨーロッパの言語で考えられたことを、ふつうの日本語で考えることを、目指して来た。不自然な新造語をつくることは極力避けて来た。先輩研究者がつくった訳語については、その中身を日本語の「ことば」に変えることで、日本人が知っている日本語でヨーロッパの中世哲学を理解する道を捜してきた。

そして或る程度広くヨーロッパの哲学作品を読んで来た結果、ようやく最近になって、哲学するうえでわたしの心に掛かっていた日本語と西洋語の違いが、むしろ「文法」という「ことばの構造」に在ることが分かって来た。じっさい、わたしたちの「理性」(ロゴス)は、単語にあるのではなく、単語を並べる「ことばの構造」にある。なぜなら、それがわたしたちがものごとを「考える道筋」だからである。それゆえ、この本の要点は、彼我の文法の違いを考慮した中世哲学の説明にある。

彼我の文法の違いを考慮してあらためて中世哲学を見直してみると、ヨーロッパには「わたし」（1人称単数）を主語とする倫理的な哲学の流れがあって、中世においてもそれが3人称「それ」を主語とする科学的な哲学の影に隠れていたことが、おぼろげながら見えて来た。そして、単語の違いではなく、「ことばの構造」の視点を得ることで、これまで分からなかった多くの哲学作品の意義が、さまざま、腑に落ちるようになった。そのとき「わたし」の心には、真実に触れる大きな感動があった。中世の哲学者の真剣なよく生きるための真理探求が、彼らの「ことば」を通して、古今集や新古今集の歌のように、直接、「わたし」の心に響いたからである。

これまでの哲学史を読み慣れて来た読者には、この説明は雲をつかむような説明かもしれない。わたしは、わたしの説明がことば足らずであるのではないかと、いくぶんかは不安に思っている。しかし、じっくり中身を読んでいただければ、いささかなりとも、分かってもらえるのではないかと思う。そして、この本の中に、多くの発見があることを認めてもらえるだろうと、わたしは考えているし、読者に甘えるつもりはないが、期待しているのである。

「神」と「わたし」の哲学＊目次

第2章　2人称の神と「わたし」　139

第3章　中世最後の神学──神学とは何か　219

「神」と「わたし」の哲学——キリスト教とギリシア哲学が織りなす中世

序説

ヨーロッパ中世哲学の研究の意義

1　日本人のヨーロッパ

江戸末期、日本がアメリカ、ヨーロッパに脅威を覚えたのは、相手がもっていた「黒船」のためだと聞いている。太平洋の荒波を冒険なしに航海する船は、海という日本の国防の要を無にする。しかもそれは強力な大砲という日本が立太刀打ちできそうにない強力な武器を積んでいた。幸運にも、日本は土地を奪い取られる標的にはされなかった。開港と自由貿易が、欧米が日本に求めたものだった。

しかし、自由貿易のための取り決めのためには、「契約思想」をもつヨーロッパ各国との交渉が必要だった。当時の政権は、その交渉に、十分に対処できなかった。つまり日本の安全と利益のために、圧倒的な力をもつ国々に対して、どこまで妥協するべきか、その契約文書を前にして、その「ことば」の吟味の知恵が、日本には不足していた。日本には、このような経験がまだなかったからである。

ところが、「哲学」を産んだギリシアも、はるか古代に、似たような経験をもっていた。つまり紀元前五～六世紀のギリシアは、ペルシア大帝国という圧倒的な力と隣接していた。とても敵いそうにないその力の源に、自分たちが知らない知識があることは、当時のギリシア人にも見当がついていただろう。したがって、ペルシア帝国がもっていた知識を急いで自国のものとしなければ、いつそれが牙をむいて自分たちが「奴隷化」するか分からなかった。なにしろペルシアは石造りの神殿、王宮をもち、統制された軍隊をもち、正確な暦をもっていたのである。数えきれない人々と、麦の生産、分配が統制されていた。その様子は、ギリシア人には天界すらもペルシア帝国にしたがっているように見えたに違いない。

そしてギリシア都市間でも、戦争が起きていた。その際に他国に応援を頼むとか、相手国を説得して戦争による解決を止めるためには、相手国を説得する「説得術」が必須だった。ギリシア人は戦時でも、かならず相手の話を聞いたのである。しかしこのとき、相手の説得に反論して申し出を拒絶するにしろ受け入れるにしろ、相手の「ことば」の吟味は不可欠となっていた。

どうやら、ヨーロッパの「哲学」は、もともとこのような事情のなかで国家の安全のために戦略的に必要とされた「ことばの吟味」なのである。

しかし、江戸末期、「黒船」を前にして日本人が「科学技術」ではなく、「ヨーロッパの哲学」について興味をもち、学習を始めたのは、なぜだったのか。明治維新で、新しもの好きの日本人が自分たちの古い道徳を見限り、新しく入って来た哲学を学ぶことになっただけのことか。それとも、ヨーロッパ人自身が哲学を尊重していたことを、日本の学者たちが感じ取っていたからなのか。

数学なら、日本にはすでに江戸時代にヨーロッパに負けないほど高度な研究に勤しんでいた人たちがいた。哲学まで踏み込まなくとも数学の学習能力があれば、明治期ヨーロッパの科学技術の学習には充分であったに違いない。欧米列強に対抗するためだけなら、技術があれば富国強兵は実現できる。

日本の明治期はまだ十九世紀である。ヨーロッパは王制の時代から民主主義の時代へと変化していく過渡期だった。そして十九世紀は産業革命が完成した時代だった。それは十八世紀に、科学技術によって発明された機械が引き起こした人間生活の革命である。ヨーロッパで伝統的であった奴隷制度に替わって、機械と石炭エネルギーによる大量生産が世界を大きく変え始めていた頃である。庶民は主人に使われる時代から、資本家の機械に使われる時代へと変化し始めていた。一方、近代民主主義とはいえ、ヨーロッパにおいても、当時は一般庶民の民主主義ではなく、技術をもつ資産階級の民主主義であった。

他方、日本は、王制（天皇制）復古から明治期を始めた。列強の脅威を受けたゆえであっても、産業技術の力としては半世紀ほどの遅れだった。日本が技術を学ぶためには、半世紀もあれば十分だった。しかしヨーロッパからの導入に関して、科学も人文も、日本は手あたり次第だったように見える。半世紀の遅れを取り戻す活動が大正期に落ち着くと、日本の西洋文化の輸入も、ようやく「哲学」にとどくようになった。まずヨーロッパの産業革命を成功させた「近代哲学」を日本人は学んだ。そしてとくに第二次大戦後は、敗戦とアメリカによる占領のもとで、残っていた古い習俗からの脱却が進められた。日本の中で、ヨーロッパの古代・中世哲学の研究が始まったのも、そういう流れからであった。

しかし、さすがにヨーロッパの哲学の歴史は古い。日本におけるヨーロッパ哲学研究の遅れは「半世紀」とは、とても言えない。日本は、翻訳を進めて、ようやく今日、資料が整ってきたところである。日本がヨーロッパの哲学を研究して学ぶのは、むしろこれからが本番だろう。

2―ヨーロッパの土地と哲学研究

わたしが自分の目で中世哲学の舞台となる北西ヨーロッパの土地を見たのは、三十代になる頃の夏に一回、五十代後半に入る頃の晩秋に一回である。どちらも十日間前後の旅だった。最初の夏の旅でわたしが内心驚いたのは、土地のやせかただった。街道沿いの一部に大樹があったが、あとは、どこを見ても、細々とした木が生えているだけだった。雑草の繁茂もない。虫も、気にならないほどの数しか飛ばない。わたしは内心、こんなところに居て大丈夫かと、緊張したほどである。日本で聞いていた「黒い森」、美しい自然は、どこにあるのだろう、と思った。

一方、晩秋期の旅で驚いたことは、ドイツのケルンで見たヨーロッパの大河の深さだった。

日本人の感覚で言えば、川の流れと言うより、深い海がもつ「潮の流れ」だった。長い橋の途中で川を覗き見ると、川面は暗く、川の深さを暗示するかのように、いくつもの渦が、静かに渦巻いていた。そして車窓から見る細々とした木々は、ただ黄色く色づいて枯れていく。日本の森のように、赤く色づくものは見られなかった。

北西ヨーロッパは、かつて氷河に覆われて、表土を削られた歴史をもつ土地である。そのうえ、大陸の西側に位置するヨーロッパは、冬に雨季が来る。穀物の成長には、炭酸ガスなどの要因以外に、日光と雨水が両方揃う必要がある。ヨーロッパではそれがかなわない。アジア・モンスーン地域に位置する日本はその三つが見事に揃う。わたしは、ヨーロッパに生活することの厳しさを思った。現代でこそ、ヨーロッパは世界のあちこちから必要なものを運んでそろえているが、かつては、日本で言えば米が安定的に生産できない東北の厳しい生活に優るとも劣らない厳しさが、ヨーロッパにはあったに違いない。修道院の石造りの冷え切った一室で、本づくりをしていた写字生の体は凍えきっていたに違いない。じっさい、中世期の北西ヨーロッパでは、馬の飼料となる大麦類は育てられても、パンをつくる小麦は生産できなかった。

そしてそういう独特の土地で、中世期、「キリスト教」と「哲学」が積み重ねられた。

この本ではその時代の哲学を説明しようとしているが、まずはその前後を見ておきたい。というのも、日本がヨーロッパの哲学を知り始めたのは十九世紀だったからである。十九世紀には、すでにヨーロッパでも、中世は「遠いむかし」であり、忘れてしまってよい時代だった。

周知のように、中世はキリスト教会が政治的な権力をもっていた時代であった。十四世紀、中世の終わりは王族の力が優ることで起きた。その後はペストや飢饉もあり暗い時代が続いた。十八世紀は王制を基本とする時代であった。そして十九世紀は、産業が発展して民衆の力が育ち、民主主義の国家が広まった。この頃にもなると、異端審問など、教会は中世という時代に正しくないことをしたのではないかと、教会自身が、危惧をいだいていた。それゆえ、十九世紀、中世の神学文献は、多くが日の目を見ることもなく、灯火を消された図書館の書棚にしまい込まれていた。

ヨーロッパでその暗黒の中世に光が当てられるようになったのは、ようやく十九世紀末から二十世紀になってのことである。そしてそれが日本に大方伝えられるようになったのは、二十世紀の後半である。ここにも半世紀の遅れが在る。そして今、日本の研究者はその遅れを取り戻して、ヨーロッパの研究者と一緒になって中世期の神学書を読んで首をひねっている。

3　近代の偏見

ヨーロッパの近代は、人々が独り立ちして自由を得るために、キリスト教会の暗黙の思想統制から逃れようとする時代だった。

　とはいえ、十八世紀後半の産業革命が始まる前、つまり機械が奴隷にとってかわられる前、十七世紀ヨーロッパ世界の大学で正式の課程として教えられていた哲学は、わたしたちが知る近代哲学（当時の現代哲学）ではなく、中世以来の「神学」だった。わたしたちがよく知る「近代哲学」は、まだ大学の課程として取り上げられるだけの権威がなかった。そのため、デカルトなど、貴族階級と資産階級の集まるサロンで新しい哲学を唱えていた近代の哲学者たちは、自分たちこそが同時代の問題を哲学しているという自負と、他方、中世期につらなる「大学の哲学」への嫉妬をもっていた。それゆえ大学の課程にあった哲学のことを、「古臭い学校教育の哲学」の意味を込めて、彼らは「スコラ（学校）哲学」と呼んだ。日本で言えば、「象牙の塔の哲学」である。

　しかし、中世のスコラ哲学とて、中世期に何の苦労もなく大学の課程に組み入れられたのではない。ましてや、何の糾弾も受けずにキリスト教会の支持を得たわけではない。そこには、一世紀から二世紀にわたって危険視され、教会の権威によって糾弾された哲学者たちの労苦があった。むしろ中世においても、十三世紀、教皇権の絶対性がゆっくりと傾くなかで、ようやく哲学は、正式に大学の課程に入ることができたのである。

　ところで、近代哲学は同時代の課題として、もっぱら民主主義がもつべき社会制度の「正義」と、植民地を得て近代国家の経済を急速に奮い立たせた科学的真理の「客観性の根拠」の二つをめぐって、議論した。中世哲学はそこが異なる。王族と教会が支配していた中世期の神学では、民主主義制度の正義について論じられることはなかった。つまり中世哲学には、民主主義の政治制度論はない。あるのは、もう一つの真理論だけである。したがって、論じられた内容で近代と中世が対峙しえたのは、科学的真理に関してのみであった。しかしそれについても、近代は「ヨーロッパ科学」の成功に自信を深めていたので、新進気鋭の近代の哲学者たちは、神を交えた古臭い中世の真理論の議論に目を向けることは、ほとんどなかった。

たしかに当時ヨーロッパで著名な学院で学んだデカルトは、中世期の議論を一応学んでいた。しかし、ほかの学者たちはほとんどまともに学んでいなかった。中世期の真理論が近代哲学の背景に現れてくるのは、大学で哲学を教えたカントの時代からである。なぜなら、カントは大学教育を受けているうえに、当時の大学では、まだ神学が正式な哲学として教えられていたからである。

近代哲学との違いはもう一つある。中世の神学は、古くから哲学の伝統として伝えられていた「問答形式」を土台に哲学を論じていた。日本で「問答」がヨーロッパの古来の哲学であることが一般に知られるようになってきたのは「ディベート」、「ゼミ」の名を通じて、ごく最近のことである。中国朝鮮からの文化輸入の経験ばかりをもつ日本は、「本を読む」ことを、外国文化の導入とする習慣がある。「議論」を通じての学習という文化をもたない。したがって、近代哲学による哲学の輸入に際しても、「書かれている」ことのみを受け取って疑わない学者が多かった。そしてそのために、日本はヨーロッパ哲学の理解に際して、なかなか実を得ることができなかった。

じっさい、ヨーロッパ近代の哲学者たちは、自分の考えだけを本に書いた。近代の哲学書には、敵対する見解や前の時代の意見が書かれていない。したがって、日本の読者は一方的に著者の考えのみを読んで、彼の地の哲学を学んだ気になった。カントの『純粋理性批判』とて、大部の割には乗り越えるべき他者の見解を明確に示そうとしていない。このような哲学書の書き方は、現代でも、読者に、著者の偏見（著者だけの意見）を安易にとどけている。

また、間違いではないとしても、現代でも、中世にあった重要な論争を「普遍論争」と呼んで、中世期の哲学を簡単に片づけようとしがちである。たしかに、それは答えの出ない不毛な論争だったかもしれない。しかしその論争は、一方で、北西ヨーロッパの人々に「哲学」を教えた論争だった。したがって、それなしには中世以来のヨーロッパ哲学は無いと言ってもいい。それほど重要な論争だった。安易に受け止めれば「哲学」自体の理解が、きわめて薄いものになる。

さらに悪いことに、現代の日本人の多くは、現代のヨーロッパに追いつこうと、ヨーロッパの古い哲学をすでに「乗り越えられた哲学」と思い込んでいる。たしかに、「科学」の分野では、つねに当代の科学は前代の科学の誤りを見つけて乗り越えて来た歴史をもつ。しかし、哲学も同じだと考えるのは、科学と哲学を同じ種類の学問だと、無思慮に思い込んでいるからである。

科学は、事物の真理を見出す学である。一方、哲学は、本来、人間が「生きる真理」、すなわち、人間が「正しく生きること」をテーマにしている。それゆえ、まったく性質を異にする学である。そして、哲学に関しては、現代哲学が古い時代の哲学を乗り越えているということは、ありえない。なぜなら、人間が人間である間は、つまりわたしたちが天使になったとか、阿弥陀如来になったとか、そういうことがない限り、人間が人間を乗り越えることは、ありえないからである。わたしたちが努力して乗り越えなければならないものは、つねに、今のわたしたち自身がもちがちな偏見や誤りである。この努力が、どの時代にも行われてきたのである。そしてわたしたちが古い時代に生きていた人間と本質的に変わらないとすれば、現代の哲学が古い時代の哲学より優れていることを保証する事実は、まったくないに違いない。

4 キリスト教とギリシア哲学

わたしたち日本人は、ヨーロッパのキリスト教を、よく知らない。教会で行われる結婚式や日本のクリスマスのイメージがもつ明るさの反面、暗い西洋の墓地を連想する十字架を掲げる宗教を、たいがいは意味不明な宗教だと思っている。だから、キリスト教の教義を前提にした中世期の哲学に対しては、それは純粋な哲学なのかと問い、不信感をぬぐえない。

しかしキリスト教は、すでに古代において、近代的になっていた。犠牲獣を神に捧げる習慣を捨てて、代わりに、祈りと讃美歌を、神への捧げものにしていた。また、「隣人愛」を説いたり、「他者をゆるせ」と説いて、人間の「良い生き方」を公式的に教えることで、社会道徳の保全に役立って来た。そういうことと、異端者の火焙りなど、キリスト教会が教会組織の地位保全の必要のためにした残酷なことは、区別して理解しなければならない。

すなわち、わたしたちは、キリスト教会という組織の歴史を研究するのではない。わたしたちは中世期の哲学に関係したキリスト教の教義と、哲学を、端的に見ていかなければならない。

日本で言えば、神道と仏教のように、ヨーロッパにおいて「キリスト教」と「ギリシア哲学」は、どちらも精神的な財産である。その関係が明確でなくても、中世の人々にとって、どちらも古代から受け取った知的財産であった。しかもヨーロッパでは、ギリシアで生まれた哲学と、その後、アレクサンダー大王の軍事力で広がったギリシア文化（ヘレニズム）圏内で生まれたキリスト教は、どちらも、帝国内の社会秩序が弱まる中で、人間の「良い生き方」を教える啓蒙運動であった。いわば両方とも、ギリシア語のロゴス（ことば）で人生を教える「良き教え」であった。それゆえに、二つはもともと対立した精神ではなく、一致の関係をもっている。

しかもキリスト教は、地方自治を基本とする共和制から帝国制へ替わったばかりのローマ帝国内で生じている。そのときのエルサレムは、ユダヤ教の古い宗教都市だった。一方、イエスは、エルサレムからは遠い、ナザレという村の出身者であった。ナザレのそばにはヘレニズムの都市が存在していた。彼はギリシア哲学を含むヘレニズムの世界に接して育った。そのイエスが若くして語った知恵が、キリスト教を生み出したのである。そしてそれは、ユダヤ教の改革となり、その意味で保守的なエルサレムの城壁を壊したと言うことができる。

さらにキリスト教は、エルサレム郊外からヘレニズム圏を伝わり、ローマを目指した。当時のローマは、アレクサンダー大王が西アジアからエジプトに遺したギリシア文化圏を敵視し、それと対抗していた。そのために、ローマ帝国初期の支配階級はギリシア嫌いであった。したがって、ローマにはギリシア哲学を知る人はほとんど居なかった。当然のことだが、それを庶民に教える人間は居なかった。つまり庶民はギリシア哲学が教える「良い生き方」を耳にすることがほとんどなかった。

ちょうどそういうローマの状況下に、キリスト教の伝道が始まったのである。したがって、キリスト教がローマ帝国のなかで庶民の内に広がった理由は、思うに、ギリシア哲学が教えることができたはずの道徳性に、庶民が飢えていたところに、キリスト教が入って来たからである。じっさい人間は、どんな人でも、国が傾き生きる意味を見失ったとき「何が善くて生きるのか」と疑問に思うものである。「よく生きる生き方」は、その答えである。そしてその答えをもつことで、はじめて人は、一人で、生きる緊張に耐えることができる。

しかも、キリスト教は宗教であるから、「良い生き方」を教える教えの内容を理性的に理解できなくても、神についての物語や言い伝えを聞いて、それを「信ずれば」、それだけで信者になることができた。指導者の言う通りに儀式に参加すれば、それで完璧であった。

5 古代ギリシア哲学の誕生

他方、「哲学」は、キリスト教より四百年以上前に、古代ギリシアの一部の自由市民のうちに生まれた。

当時圧倒的な力をもったペルシア帝国が近隣に在り、帝国がもつ軍事力の脅威と高度な文化に、ギリシアは気圧されていた。じっさいペルシアは、石造りの都市をもった大帝国であった。当時のギリシアは、神殿も木造であった。都市国家アテナイが対ペルシア戦争で勝利したのちに石造りのパルテノン神殿を造ったのは、ペルシアに向けて国威を示すためだった。しかしペルシアは、石造りの建物だけでなく、そのうえに、天文的知識、人生訓、その他古代メソポタミア文明以来の高度な文化をもっていた。ギリシアはその武力を恐れつつ、それでもペルシアから多くの知恵、知識を学び、数世紀をかけて、それを自分たちの「ことば」（ロゴス）に翻訳、吸収し、数学や幾何学を生み出した。

「ことば」は、どの社会においても、人間がものごとを考える基礎である。あるいは道筋である。思考するとは、頭のなかで、自分が覚えた「ことば」をたどることである。ギリシア語で「ロゴス」は、「ことば」であると同時に「理性」である。ところで、音符が多数であれば、そこから自由に多様な楽曲が作られる。それと同じように、「ことば」の単語が多数であることは、わたしたちの思考の自由を可能にする。しかし、その反面、わたしたちの思考（理性）は、「ことば」の性格に支配されている。

ギリシア語の「ロゴス」（ことば）は、第一に、生きて動く主体性をもつものを「主語」に選ぶ「ことば」であり、第二に、何より事象の「運動」を明示する「ことば」であり、第三に、事象を「ことばにする」ことが「ものを数え上げる」意味をもつ「ことば」であった。これらの性格を、日本語はもたない。たとえば、「雨」は生き物ではないにもかかわらず、わたしたちは「雨」を主語にして「雨が降る」と言う。

あるいはまた、今しがた数え上げたことばの性格のうち、「ことばを話す」意味である「言う」というギリシア語の動詞「レゴ」が、「数える」という意味をあわせ持っていることを考えて見よう。まず、日本人なら、「言う」が「数える」ことだと言われたら、「なぜ」と疑問に思うはずである。しかしデカルトが、「ことがらを数え上げること」（枚挙）を、ギリシア科学の重要な方法論の一つと見たことは、彼の作品に見ることが出来る。[*1] それは、ギリシア語で考えれば、何かを説明するためにことがらに「言及する」ことは、それを「数え上げる」ことであることが、「ことば」の意味からして、自明だからである。日本語で考える日本人は、デカルトの言う「枚挙」を、科学の専門的な手法として特別に学ばなければならない。つまり科学者になろうとすれば、一つ一つ数え上げることを怠ってはならない。そして、日本人には、これは「なぜか」と疑問になることであるが、「なぜか」ということは、デカルトには、むしろ通じない。なぜなら、「言う」ということばに「数える」という意味が、もともとあるからである。すなわち、それは「ことば」自体から明らか（自明）だからである。

さらにギリシア語もラテン語も、「動詞」を主体とする「ことば」である。事実、ラテン語の「ことば」（verbum）は、ラテン語で同時に、「動詞」を意味する。そして「ことば」の主要な位置を占める「動詞」は、つねに「主語」を含んでいる。つまり「動詞」に主語が1人称か2人称か3人称か、あるいは、単数か複数かが含まれている。日本語の動詞に見つけられるのは、相手との関係、つまり序列くらいであることと比べれば、ギリシア語やラテン語の動詞が「ことば」として、つまり文中で、きわめて重要な意味を担っていることは明らかである。つまりギリシア語やラテン語の「ことば」には、「動詞と主語」が、つねに君臨している。

つまりギリシア語の「ことば」は、ものの運動を取り上げる「動詞」を中心にした「ことば」であると同時に、それを見落とすことなく「数え上げる」「ことば」であった。したがって、ギリシア語で考える人間は、ものの「運動」に目を向けて、それを「数え上げる」ことを、当然のごとく考えた。そしてこのようなギリシア語の独特の性格によって、ギリシア人は、古代ペルシアから受け取った知識を、数学に代表されるようなヨーロッパの「学問」ないし「科学」に変貌させる力をもっていたのである。

一方、日本は、中国、朝鮮半島を通じて、文化を受け取り、それを「日本語」の精神で取り入れた。すでに述べたように、「日本語」のロゴス（論理、ことば）は、ギリシア語のロゴス（論理、ことば）とは、まったく異なる。じっさい、日本語の「ことば」からは、しばしば動きの「主体」が見失われる。主体を指す「ことば」が分からなくなる。日本語の主語はかならずしも主体を指していないからである。また、日本語の「ことば」では、動詞は文末に付けられるのみで重視されていない。日本語の「ことば」は、静止画ふうに、お花畑を描写するごとくに、世界を描く。それゆえ、日本とギリシアでは、おのずと他国の文化の受け取り方に違いが起きている。つまりギリシア語は、外国から知識を受け取ったとき、そこから変化運動する世界を対象とする「科学」をつくった。しかし日本語は、他国の文化から、情景の美しい描写を学び、芸術描写を深めてきたばかりなのである。

ところで、ギリシア人は対ペルシア戦争でペルシア軍を追い払うことができたために、自国に自信をもった。その後さらにアレキサンダー大王による、広大な「ギリシア帝国」の支配者となることで、一層、ギリシア文化を誇るようになった。それゆえ、ギリシア哲学の理解は、キリスト教とは異なり、「理性」を旗印にしたギリシア語という「高級なことば」の理解を必要とすると、喧伝された。しかし、すでに触れたように、ローマの支配階級は、当初は、一般にギリシア哲学嫌いであった。ギリシア哲学を学んだキケロのような人間はむしろ例外であった。そしてローマ帝国は、紀元後にその勢力が傾いていく時代になって、ギリシア哲学を受け取るようになった。それはちょうど、帝国の支配が傾き始めたローマの庶民の間にキリスト教が広まることと、同じような社会の動きであった。

そしてローマで受け取られたギリシア哲学の精神と、キリスト教の精神が、のちに北西ヨーロッパに伝えられて「中世期の哲学」をつくる。

以上、おおざっぱに述べた文化の歴史の違いが絡まって、「ヨーロッパ中世の哲学」は、わたしたちの理解を拒んでいる。つまりヨーロッパにはヨーロッパの個別の歴史があって、その意味でやむをえない事情のもとに、さまざまに文化が引き継がれた。そのことを知らないと、ヨーロッパ中世の哲学を理解することはむずかしい。

したがってヨーロッパ人から見れば、キリスト教に大して興味を示さない日本人がヨーロッパの哲学を学ぼうとすることは、ひどく奇妙なことであるに違いない。それはちょうど、ヨーロッパ人には隠しようがないと思われる「信仰」というものを、長期にわたって隠し続けた日本の「隠れキリシタン」の存在が、ヨーロッパ人には理解できないことと同じである。

6　ヨーロッパ中世哲学を理解すること

この本の著者である「わたし」も、振り返ってみると、そういう奇妙な人種の一員だと思う。短期間ヨーロッパを訪れたことはあっても、彼の地に暮らしたことはない。だから彼の地の暮らしの必要から生じた彼の地の哲学を学ぶ理由は、日本に暮らすわたしにはまったくない。それにもかかわらず、自分一人の興味の赴くままに本を読んで考え、学んで来た。自分が入った大学がヨーロッパの哲学を教えていたとしても、キリスト教徒であった指導教授がもっていた関心事は、わたしの関心事にはならなかった。しかも、キリスト教のような人格神を崇める信仰が自分の暮らしに必要だと感じたことは、いまだにまったくない。ただ、宗教が語る「罪」とか、「悪」という「ことば」は、仏教文化を土台にして、わたしにもよく分かった。

しかし「罪」とか「悪」という「ことば」から自分の心に見えてくる神は、キリスト教会が言うように、恐ろしい者でも、力のある存在でもない。じっさい、キリスト教の神が力を発揮していたのは、キリスト教徒が多くいる社会においてであって、日本のわたしの暮らしにおいてではない。キリスト教会が語る神は、わたしの中では意識しなければさっさと消えてしまう姿に過ぎなかった。したがってわたし自身にしても、キリスト教なしにはありえないヨーロッパ中世の哲学を学ぶ理由は、まったくないはずであった。

とはいえ、何のためか分からないまま、理由もなく興味を惹かれて、分かれば面白いという事実だけで、中世哲学をわたしは長いこと学んで来た。こんな事情を告白したら、わたしの中世哲学の研究は身の入ったものではないと思われてしまうかもしれない。とはいえ、そんなわたしにも、ようやく見えて来たことがある。それは、古代にも、近代にもない、中世スコラ哲学だけがもっている二つの特徴である。

一つは、中世の哲学者たちは「神の存在に対する疑い」を前にして、「神の存在を証明」しようとしたことである。古代においても、近代においても、ヨーロッパには宗教があり、信仰があった。言うまでもなく、現代にもある。しかし、「神の存在を証明しなければならない」と考えた哲学者が居たのは、「中世だけ」であった。

たしかに近代哲学の父と言われるデカルトは、神の存在を証明している。しかしそれは、彼がまだ「中世」を引きずっていた、言い換えれば、近代を切り開く途上にあったことを示していただけに見える。しかも彼の場合、その証明は、神の存在自体を疑ってのことではない。彼が疑いを晴らそうとしたのは、科学が対象にする世界の存在のほうなのである。なぜなら、神によって作られた世界の存在が確信されなければ、その世界を対象にした科学の真理性も、確実なものだと主張できないからである。つまりデカルトは、神の存在が疑われているからではなく、科学が対象とする世界の存在の確実性を証明するために、神の存在証明を示したのである。そしてこのことが意味するのは、「科学が対象にする世界」は「神」と同じくらい、少なくともデカルトにとっては、自明ではないということなのである。

もう一つの中世哲学の特徴は、宇宙に、目には見えない本質において「上下の秩序が存在する」ことである。こちらのほうは、中世哲学では、まったく疑われていない。だれもが認めざるを得ないことがらになっていた。中世の人々には、教会を頂点とした世界の秩序が絶対的に在り、その彼方の神の存在だけが、疑われたのである。

この二つの特徴は、わたしが知る限り、中世にしかない。したがって歴史的事実でしかない。歴史的だということは、偶然的だということである。したがって、普遍的に（学的に）説明できることがらではない。しかし、逆にそうだからこそ、それらは日本人が中世哲学のうちに知っておくべきことがらである。それについて言及しなければ、日本にはないヨーロッパの「中世」の重要な側面が、説明から抜け落ちてしまう。

さらにそれ以外のことがらで日本人にヨーロッパの哲学の理解を阻んでいるものがある。それは、古代から現代に至るまでヨーロッパの哲学を構成するさまざまな「語」である。たしかに、「哲学」という単語をはじめとして、明治以来、語学に堪能な人たちによって彼の地の単語は、ほぼすべて日本語に翻訳されている。しかし哲学の用語は翻訳されただけでは理解することがじつはかなわない。すでに述べたように、彼の地の言語、自然環境、等々は、わたしたちのそれと大いに異なっている。したがって、社会や人生の受け取り方が彼の地の人々とわたしたちの間で、大いに異なっている。そしてそれは、哲学の語に深くかかわっている。たとえば、「哲学」、「存在」、「対象」、「自己」、「自由」、「意志」、「愛」、「悲しみ」などの語である。これらの語の内容が正確に日本語の単語に訳されることは、ヨーロッパの言語と日本語の文法がまるで違うかぎり、不可能に近い。

わたしたちは、ふつう、翻訳され、自分たちが読める形になっている哲学書を読むとき、その内容が理解できないのは、自分の思索の貧しさからだと、安直に考える。用いられている単語が日本語で正確に説明されていないからではないかと、疑うことはない。翻訳された語は、大学の偉い先生が考えた理想的な造語であるに違いないと信じるからである。そのために、人は真面目に、分からないのは自分の思索の不足が原因だと思い込む。たしかに、哲学の理解には自分の思索が不可欠である。しかし、思索の足場となる「ことば」に誤解があれば、それにもとづいた思索が思索の迷路に迷い込むのは、自明のことである。

したがって、それらの語は、あらためて各文脈において説明されなければならない。

7　哲学の歴史の形成要素

どの文化領域においてであれ、その文化を創り出して来た「雄」が居る。「雄」とはいえ、かならずしも男だというのではない。たとえば日本文学の領域で「かげろう日記」の作者と「源氏物語」の作者は、日本文学の特色を作り出した「雄」であって、彼女たちが日本に出現しなければ、日本文学はまったく別のものになっていただろう。

文化の歴史は、何人かの「雄」の出現によって積み重ねられてきた。たしかに、「雄」となる人物の出現には、経済などの環境条件もある。しかし、文化の歴史の理解に必要な項目の多くは、周囲の環境だけで説明できるものではない。むしろ環境から独立に特定の個人が個別に展開した社会的影響力のある活動が、人間社会のその後のエネルギーの方向を思わぬ方向に変えてきた。そうやって人間の歴史や時代が変わってきたと言うほうが、やはり真実である。

たとえば、宇宙には普遍的な熱力学の第二法則、エントロピー増大の法則がある。すなわち、熱エネルギーは一定のスピードで宇宙に拡散していく。しかしこの動きは、この地球に出現した生命現象には「合わない」ように見える。熱エネルギーが拡散してゆくなかで、宇宙の一点に出現した生命のはたらきは、熱の拡散の方向をいくらか変えている。それが地球上に、或る「特殊な動的平衡状態」を作り出している。したがってこの状態は、物理的自然に流されて生まれたものではなく、緊張感をもった「特異な力」がはたらいて生まれたものに違いない。したがって、この「特異な力」が維持されなければ、生命は維持されない。そしておそらくそうであるからこそ、わたしたちは、真実に生きていくためには、「緊張感」が不可欠なのである。単純な怠惰は、真実の生を見失わせる。したがって、人間に、命を守る緊張から解放された気のゆるみがあれば、案外に、この地球生態系は簡単に崩壊してしまう。

ちょうどそのように、ヨーロッパに出現した哲学は、周囲の環境の進行に抵抗して生まれたある種の「革新」であり、この革新は、自然な流れに対する抵抗を持続しなければ、わたしたちの間から消えてしまう類いのものなのである。そしてそれは、周囲に流されないごく少数の人々の努力によって、維持され、人間の時代を変え、歴史をつくってきた。

ヨーロッパ中世の哲学を変えた「雄」として、わたしは、カンタベリーのアンセルムス、トマス・アクィナス、ドゥンス・スコトゥス、マイスター・エックハルト、オッカムを挙げておこうと思う。最小限、この哲学者たちが取り上げた諸問題、その解決の展開、積み重ねを押さえることができれば、古代から中世を経て、近代・現代へと至るヨーロッパ哲学の歴史は、読者の心の中で「つながる」と思う。

言うまでもなく、中世哲学は、古代哲学の「雄」たちの「ことば」を承けている。古代については、ソクラテス、ピュタゴラス、プラトン、アリストテレス、(偽)ディオニシオス、アウグスティヌスの名を挙げておく。

もちろん、中世にしても古代にしても、これらの「雄」を支え、育てた「雄」も居る。とくに異なる地域に作品を伝えた翻訳者や、すぐれた解釈者が居なければ、歴史を推し進める次の「雄」は現れなかった。たとえば、古代で言えば、キケロ、セネカ、ボエティウス、中世で言えば、アルベルトゥス・マグヌスである。

そして哲学の「雄」たちは、それぞれ、先ほど挙げた類いのいくつかの項目に関わっている。そこで、中世の哲学史をいくつかの重要な項目に関して描いてみたい。たとえばアンセルムスが扱った特定の項目（ことば）を取り上げたときは、その項目を古代の「雄」がどのように扱ったか、そしてアンセルムス以後の「雄」によってどのように扱われたかを、じっくり説明したい。たとえば、神の存在について、あるいは、自由意志について、それぞれ見てゆきたい。

訳語の説明とともにそれができれば、中世の哲学がもつ豊かさと、近代哲学とのつながりについて、納得のゆく説明ができると思う。

第1章

神の存在と哲学

1　カンタベリーのアンセルムス以前

この本で最初に取り上げるべきは、カンタベリーのアンセルムス（一〇三三年〜一一〇九年）である。彼は「中世スコラ哲学の父」と言われる。

彼が生きて活躍した時代、北西ヨーロッパ大陸の大部分は、まだ森と湖沼に覆われていた。イスラムの来襲をピレネー山脈の向こうに追いやったフランク王国（七世紀〜九世紀）の頃にも、パリに今のような街並みがあったわけではない。町ができるためには、農耕が行われ、その実りによって人口が増えなければならない。そして農耕は、湖沼が埋め立てられ、森が切り開かれなければ広がらない。しかし農耕によって人間の世界を広げようとする活動は、町をつくる「文明」civilization のはたらきである。そのはたらきは、北方から武器をもって来襲した人間にはできなかった。彼らは文明を知らなかったからである。そのはたらきを担ったのは、ローマの文明を知るキリスト教会の修道院だった。

アンセルムスの時代、文明による土地の開拓はパリのセーヌ川を東へ少し超えたあたりにまでしか及んでいなかった。したがって、パリのまわりでさえ、あたりは、日本の森ほど暗くはないが、広い森に囲まれていた。十一世紀の末から十二世紀のはじめにかけてのことである。ちょうど「カノッサの屈辱」（一〇七七年）と、第一回十字軍（一〇九八年）の時期に当たる。つまりカトリック教会の北西ヨーロッパ支配はようやく完成した一方で、西アジア、北アフリカ、イスパニア地域には、八世紀以来、広大なイスラム帝国がすでに存在していた。

八世紀のイスラム帝国の拡張を東で止めたのは東ローマ帝国であり、西で止めたのはフランク王国だった。しかしフランク王国も、王の世代交代ごとの分割と統一を繰り返して安定していなかった。北西ヨーロッパが安定を得るようになるのは十世紀になってからである。そしてその間にキリスト教会の基盤を固め、ギリシア・ローマの文明を伝えたのは、ローマ・カトリック教会による修道院の布置であった。

修道院は、祈りと賛美を神に捧げる砦であったが、周囲に畑を耕作してケルト族がもっていた「森と湖沼」の景色を、徐々に変えていた。そして修道院は、聖書とその他の書物を持ち込み、北西ヨーロッパの地にギリシア・ローマの文化を伝えていた。

さて、アンセルムスがこの北西ヨーロッパの地で出合ったのは、修道院の外に漏れだしていた論争であった。いわゆる「普遍論争」である。その論争の中身はつぎのようなものであった。すなわち、わたしたちは、ふだん、複数の個物の間に見られる類似性（共通性）を根拠にして、ものごとを「種」で区分したり、「類」で区分してものごとを考える、このとき、感覚される具体的な個物の存在と比較するならば、その「種」の概念や「類」の概念は、「実在」的なものなのか、それとも、「ことば上」のもの（論理的なもの）に過ぎないか、どちらなのか、という問題である。

この問題は、第三世紀のポルフェリオスによるアリストテレス哲学入門書『イサゴーゲー』を、第六世紀のはじめにボエティウスがラテン語に訳したものが、その後修道院を通じて長い期間をかけて北西ヨーロッパ（アイルランド、イギリス側）の修道院に伝わったことから生じた。ただし、その問いは、その由来から見ても、アリストテレス主義の考えにしたがうものであった。すなわちプラトンの「イデア論」に対して否定的な考えを導く問いであった。つまりプラトンが言う「イデア」を〈種・類概念の実体化〉と考え、その見解に反対して、アリストテレスの独自性を示す「個物の実在」〈個物の実体化〉を主張することを、じつは背景にしている問いであった。

たしかに、種や類など、心の中に在る概念に過ぎないものを「実体」として現実に在ると見ることは、アリストテレスが研究に際して手腕を発揮した「科学」を考えるなら、正しい理解ではない。アリストテレスの科学では感覚的にとらえられる個々のもの、個々の事象を数え上げることが何より第一義である。したがってアリストテレスの哲学を理解するうえでは、個物を実体として考えるほうが正しい。

しかしながら、たとえば「人間」とは何かを現実的な課題として考えることは、むしろ「哲学」の大事な問いである。ところが、「人間」と言われるものが、もしも世界に実在せずに、個人の心の中にしか実在しないなら、「人間」についてのわたしたちの真面目な思考は、はたして現実的な意味があるのか、疑わしくなる。しかし、だからと言って、「人間」なるものが特定の具体的な個人のように、外界に独立して存在している姿をわたしたちは見つけることはできない。

それゆえ、中世の「普遍論争」の立場の違いはつぎのことに在った。すなわちプラトンでは、イデアの実在は感覚が届かない天空に設定されている。そしてそういう想定を信じて、「種」、「類」という「普遍」は、むしろ地上のはかない個物よりも確かに実在すると、この時代の「実在論者」は考えた（仮想した）。なぜなら、地上の個物は生成消滅するものであり、感覚的で永遠性をもたないからである。

他方、「学知」は知性を代表するものであり、しかも優れた知性は感覚的な個々のものを対象にするのではなく、むしろ永遠的イデアを対象にしていると、知性に誇りをもつ高貴な学者は考えた。それゆえ、哲学者が「人間」を考えるとき、実質的に天上の「イデア人間」について考えなければならない。そう考えるのが、「実在論」である。

このような「実在論」の立場は、科学が力を持つ現代ではまったくの間違いであると見なされやすい。現代では、個々の具体的なものが実在して、それと比較して、種の概念や類の概念は、人間が心の中に、勝手に作っているもの（主観的なもの）だと、多くの人は安直に考える。このほうが科学的だと見られているからである。しかしこの実在の見方は、中世後期に「抽象」認識ではなく、「直観」認識が重視されるようになったことが原因なのである。すなわち、「実在」は抽象ではとらえられず、直観によって直接的にのみとらえられるという理解が、中世の末に広がったのである。そして直観の重視は、感覚経験の重視と事実上同じであった。それゆえ、この立場（唯名論）は、哲学をむずかしいと考える一般人には、「わが意を得たり」と思われた。

その理解は、中世の後期に、スコトゥスによって示された。すなわち、「直観」intuitiva は、感覚がとらえる個物を知性でとらえる認識であると理解された。この理解のもとで、感覚経験を基礎と見るアリストテレス主義者は、直観がとらえる個物こそが実在であって、抽象がとらえる普遍は実在ではないと、考えたのである。

プラトンのイデア論の立場では、反対に、「抽象」abstractio によってこそ、天空の真実在に知性は達することができると考える。それはピュタゴラスがつくった数学には適した考えであった。なぜなら、数学者が研究する「三角形」は、紙のうえに実際に描かれた三角形ではなく、「イデアの三角形」だからである。そしてこのような実在論の理解のほうが、数学のみならずキリスト教信仰を支えることができた。

なぜなら、「神」は、地上の個物のように直観的に認識されるものではなく、教会が特別に「ことば」だけで教えることができるものだからである。ところで、「ことば」を通してのみ知ることができるものは、具体的な個体ではなく、抽象された概念である。じっさい、時間と空間の位置を特定できることばを特別に多数付け加えたうえでなければ、「ことば」が、特定の個体を指示することはできない。たとえば、「西暦紀元前三九九年にアテナイ市において七十歳で死刑になったソクラテス」と言わなければ、「ソクラテス」と呼ばれた人は複数いるから、個体を識別して表示することはできない。

したがって、教会が「ことば」で教えている「神」は、どれほど他国で言われている神とは違う神であると言われていても、「ことば」自体がもつ「普遍的性格」によって、それは特定の個体ではなく、「普遍概念」だと言わなければならない。個々人は、神を直接に知ることはできず、教会を通してのみ、あるいは、聖書を通してのみ、「神」を知ることができる。じっさい個人が神を直接知ることができるなら、教会は不用になるだろう。

あるいはまた、キリスト教会は、一つの神に三つのペルソナを主張する。父なる神と子なる神と聖霊の神である。そして死んだとき、魂は肉体から離れて、「神にまみえる」と言われる。このとき、人は神と直面する（顔と顔を合わせて会う）というのであるが、「ペルソナ」とは「面」を意味するので、人は、いずれか「一つのペルソナ」と、会うと理解される。このとき、特定の一つのペルソナだけを「神」と呼ぶなら、他のペルソナと会った人間は神と会ったことにならない。それゆえ、いずれの神も、同等に「神」であると定める必要がある。このとき、個々のペルソナに対して、「神」は「普遍」である。それゆえ、「普遍」が実在しないと主張することは、キリスト教会の教義にとって、やっかいなことになる。

それゆえ、中世の末にキリスト教会が力を失ったことと、直観の重視によって「（普通）実在論」の衰退が起きたことは、無関係ではないのである。言うまでもなく、それはまた、個々の経験にもとづく近代科学が力を持ち始めたことを意味する。

このように中世後期に実在論は衰退するのであるが、初期には、今しがた述べた理由で、実在論のみがキリスト教会に受け入れられた。

2 普遍論争と大学神学部の始まり

ここで取り上げるアンセルムスが「カンタベリー」の名を冠するのは、アンセルムスが生涯の終盤、六〇歳でイギリス南部のカンタベリーに置かれた司教座の司教となり、十二世紀のはじめ、一一〇九年、七五年余りの生涯をそこで終えたからである。

彼が生まれ育ったのは、イタリアの北辺、アルプス山脈の麓の町アオスタである。どうやら長男で仕事を受け継ぐ立場であったが、父親と対立したらしい。彼は二三歳で家を捨て、近くにあったアルプスの峠を越えた。

数年の放浪の後、彼はノルマンディーのベックの修道院の扉を叩いた。十一世紀後半のことであった。この修道院は当時普遍論争の渦中にあったランフランクスが院長を務めていた。カトリックの修道院の院長であったランフランクスが「実在論者」であったことは、すでに述べた理由から当然のことだろう。

古代の終わり頃から、アイルランド、ブリテン島の北西側（スコットランド）から修道院の建設が始まり、そこを基盤としてキリスト教とギリシア・ローマ文化（著作）の教導が行われた。それは森に覆われたケルト民族の土地に「ローマ・キリスト教文明」を広げる活動であった。ヨーロッパで、化け物の色が緑なのは、おそらくこの時代からのものだろう。現代では、自然保護の象徴になる「緑」であるが、中世初期に北西ヨーロッパに広がっていた緑の森は、カトリック教会にとって恐ろしい魔性を宿したところであり、開発すべき場所だったに違いない。そしてその思いが、緑の膚色をした化け物の絵に宿っている。中世を学ぶとき、この時代のそんな風景を想定しなければならない。アンセルムスの時代は、まだ開発の進展はセーヌ川を東に超えたくらいにとどまっていた。アンセルムスが入ったベックの修道院がパリよりもずっと西、イギリスに近いノルマンディーであったことは、そうした状況を暗示している。

つまりギリシアから伝わった「哲学」は、まだイギリスのブリテン島からヨーロッパ大陸の北西の縁に至っているだけであった。「哲学」が本格的にパリ周辺にまで至るのは、もう少し後、アンセルムスが六〇歳でイギリスのカンタベリーに移り、そこで亡くなってから十年余り後のことである。

じっさい、アンセルムスが亡くなってほぼ十年の後、ブルターニュ地方生まれのアベラールが、パリのセーヌ川沿いで極端な実在論者に対して反対する論陣を張ったことで大いに評判を得るようになった。つまり「普遍」は実在であるのではなく、心の中の概念なのだという主張と、心の外に何らかの対応があるとしても、心の外には個物のほかないから、普遍が在るとすればその個物の内に在る、という主張である。いずれにしろ、個物のみが実在するという立場は唯名論の立場だから、彼の基本的立場は唯名論である。ただし、普遍の実在性を心の中と個物の内に認めることは、穏健な実在論（実念論）とも言われる。

一一二〇年頃、彼が四〇歳の頃、家庭教師を引き受けたパリの娘エロイーズとの色恋沙汰が、当時の社会に事件を引き起こした。エロイーズはアベラールの子どもを産んだが、アベラールの仕事を邪魔したくないと結婚を拒み、子どもを連れて修道院に入った。二人の間の往復書簡が残っている。有名なアベラールとエロイーズの物語である。[*1]

ところで、ヨーロッパの人々は、いつも何らかの主張をもつ人々だった。そしていつも何らかの主張をもつ人々は、いつも何らかのテーマを見つけて議論することが日常であった。したがって、国家の名が聞こえてくれば、人々が国家の「政治」を議論すること、あるいは、「裁判における正邪」の議論を始めることは、ごく自然なことであった。ところが中世期のヨーロッパは、教会や北方から来た王族の力によって支配されていた。民主主義の政治を、人々は知らずにいたのである。そのため自ずと政治や裁判の論争から人々は隔てられていた。それゆえ若い人は、自分たちの自由になる「哲学の論争」を知って、この論争に夢中になった。じっさいヨーロッパの人々は、このときまで「普遍」が「実在するか」などということが、面白い論争になることを知らなかった。公道や広場でその論争がなされるのを目にして、多くの人々は、はじめてギリシアで生まれた「哲学」の面白さを知ったのである。

普遍論争はアリストテレス学派から起こされた論争であり、それゆえ、いかにもプラトンに不利な言い方で議論がなされた。したがって、その問いの解答は、アリストテレスに有利な解答に流れがちであった。しかし、同時に、古代のアリストテレス自身がプラトンのイデア的実体論から自由ではなかっただけ、完全な解答のない問いであった。それゆえ、普遍論争は終わりが見える論争ではなかった。つまり、結局は、政治の世界における主義主張のぶつかり合いと同じものになっていた。どちらも完全な答えをもたない論争である。しかし、終わりが見えない議論は、誰でも反論できる議論であったから、それだけに、かえって若い人々を熱中させた。どちらが勝つかは、議論の巧みさ、あるいは、新たなアイデアによっていた。これは己の頭の良さを見せる言語（ことば）のゲームであった。

そして若者を熱中させるゲームは、ゲームの観客とゲームのプレイヤーを生み出す。普遍論争は、北西ヨーロッパに「学生と教員」を生み出した。

しかし、学問の研究が社会の制度として発展するには、複数の人間が学問研究に協働することができるシステムが必要になる。「大学」とは、学問研究のそうしたシステムである。学問はそれぞれの性格に応じた研究と教育のためのシステムが無いと、共通の課題を複数で研究すること、並びに、その研究を引き継ぐ次世代の教育を複数の教員によって共通に行うことはできない。アンセルムスの時代には、「神学」に、まだそれが無かった。そのため大学にはまだ「神学の課程」がなかった。神学は、修道院の中で、個人の力量で教えられていただけだった。

すでに触れたように、「普遍論争」と名付けられた哲学の新風が十一世紀に吹きはじめ、それが仕事をもたない一部の若者たちを虜にした。そういう若者たちの一人がアンセルムスであった。そして十二世紀、アンセルムスがこの世を去ったすぐあとに、アベラールという俊英の論争家が俗世間に現れ、論争は評判を呼び、学生を集めた。

アベラールは、普遍論争で有名になった。しかし、有名になれば、その地位から追い落とそうとする人間から悪意のある議論を吹きかけられることは、つねのことである。当時はカトリック教会が支配する時代であった。それゆえに彼を追い落とそうと画策する人々は、神にかかわる繊細な問答で彼を崖縁に追い込もうとしたことは、容易に想像がつく。そしてそれは、カトリック教会に何の後ろ盾ももたない彼にとって、間違いなく、生死の危険を覚える問答になった。

おそらく、そのために彼は、教会にとって権威のある人（「教父」と呼ばれる）のことばを収集した。とくにアウグスティヌスのさまざまな論（命題）を収集した。それによって自分の立場を弁護した。そのために書いた本が『然りと否』だと、推測できる。*2 つまり論争の俊英アベラールは、アウグスティヌスの権威を自分の後ろ盾にしたのである。じっさい、アウグスティヌスが言っていると言われれば、当代のカトリックの権威者たちも、黙らざるを得なかった。

こうして若者たちの論争遊びは、アウグスティヌスの権威が持ち込まれることによって、教会の権威が見過ごすことのできない、むしろ教会側でも真剣に取り組まなければならない論争に、その姿を変えたのである。そして学者間の論争は、いつの時代にも新たな領域の学問を開発する。こうして十二世紀の後半、「神学」という学問が大学の場に現れてくる。すなわち、十二世紀後半に入る頃、イタリア、ロンバルディア出身の修道士ペトゥルス（「ロンバルドゥス」と呼ばれた）が、パリの大司教となった。そして、パリで活動していたアベラールの命題集『然りと否』を意識して彼は「命題集四巻」を編み、それに正統教義の側に立つ註解を付した『命題集註解』を公刊した。

カトリックの大司教が出した作品をもとにした教授なら、教会も認めるほかなかった。以後、パリの大司教という権威のもとに出されたこの『命題集註解』をもとにして、大学で神学の講義が行われるようになった。そして「命題集」をもとにしたその講義内容は、その生まれも手伝って、多くの討議を呼び起こすこととなった。こうして神学の共同研究が、神学者たちの「論争」を通して進められることになった。

しかしその論争が真に活発化したのは、アリストテレスの哲学の全体がヨーロッパに入ってきてからである。すなわち、アウグスティヌスに対抗するほどの権威が、十二世紀の末、アラビアを経由してヨーロッパに入って来たのである。きびしく対抗するものの間で討論があれば論争が大きく発展することは、いつの時代も変わらない。こうして十三世紀、華々しくスコラ神学の時代が幕を開ける。

一二〇〇年、パリにあった「大学」universitas（教員と学生の協同組合）が正式に国王から自治組織として許可された。すなわち、パリの大学組合は、哲学と神学を教える課程をもつ自治組織として公的に誕生した。同じころ、すでにイングランドのオックスフォードにも哲学と神学を教える大学組合があった。*3

それゆえ、十三世紀以降、哲学と神学の大学は、第一にパリ大学であり、つぎにオックスフォード大学であった。この二つの大学が中世スコラ哲学発展の中心となる。地中海側には、ローマ帝国時代の文化を承けて医学や法律など、当時の国家を支える教科を教える大学がすでに多くの都市にあった。当然、地中海周辺の都市の大学は、パリやオックスフォードを「田舎町」と見ていたはずである。したがって、そこに生まれた大学についても、新参の大学として見ていたに違いない。

すでに歴史をもつ地中海周辺の大学は、ローマ帝国時代からの文化をもっていた。そしてじつは、ローマはギリシア嫌いであった。なぜなら、アレクサンダー大王がつくったギリシア語のヘレニズム世界に対抗したのが新興のローマ勢力だったからである。キケロの時代以降、ローマにもギリシア哲学を学ぶ者は出ていたが、あくまでも少数派だった。しかし十三世紀にアリストテレスが知られるようになると、さすがに地中海周辺の大学でも、アリストテレスの哲学を教えるようになった。

ただし、すでに述べたことから分かるように、大学以外では、スコラ哲学ないし神学は、アンセルムスの頃から中世期全体を通じて、修道院ないし修道院を基盤とした学校でもっとも広く教えられた。アベラールも、一流の論争を学ぶために修道院に入り、そこで普遍論争について必要な知識を学んでいた。したがって、彼と教会との間に確執を生じたのは、アベラールが修道士であっても、彼の修道院の外での論争活動が、教会に恭順を誓う規律を破っていたからである。*4 つまり日本で言えば、彼は親鸞のような「破戒僧」であった。言うまでもなく、修道院内では、長上のものへの絶対的従順が必要であるから、哲学も限界を超える（教会の教義に反する主張を結論する）ことはゆるされなかった。

しかし「哲学」の魅力はとくに仕事をもたない若者の関心を引いた。なかでも修道院は、長男に生まれて親の仕事を受け継ぐことができない次男、三男、あるいは、アンセルムスのように父親との確執があって社会に入ることができない若者を引き込んでいた。そしてそういう若者は現実社会への反発を、内心、感じていた。教会の教えには従うほかなかったが、他方で、論議の自由を最大限認める「哲学」に惹かれるものは、それゆえ、当時少なくなかった。つまり修道院に入ったアンセルムスは、自分がそういう若者であると同時に、同類の修道士に囲まれていた。

当時の社会は、キリスト教会が君臨する第二のローマ帝国（神聖ローマ帝国）であった。そしてその秩序を絶対視する教会組織の一つとして各地の修道院があった。そのなかで「哲学」が教えられたとすれば、現実の社会組織の秩序を直接には刺激しない内容で教えられなければならない。したがっておもに修道院で教えられた「哲学」は、現実の社会秩序に対して個人の自由を突きつけるリスクをはらみながら、それを表面化せずに、教会秩序を破壊しない「神学」を構築しなければならなかった。この緊張をはらんだ要請が「中世スコラ哲学」をつくったと言うことができる。

そして、教会秩序を破壊しないためには、キリスト教会の原理である「唯一の神の存在」を、哲学はまず証明して見せなければならなかった。

3 アンセルムスの初期著作

アンセルムスはベックの修道院で院長となる四五歳前後から十年足らずの間に、六つの論を著している。『モノロギオン』、『プロスロギオン』、『グラマティクスについて』、『真理について』、『選択の自由について』、『悪魔の堕落について』である。そしてこの時代の著作が彼の哲学の基本となった。そして最初の二作が「神の存在」に関する論考で、中間の一冊は、或る特定の「語」（グラマティクス）について吟味する論考である。また、後の三つの作は「意志」が関連する倫理的な論考である。この節では、まず最初の二作品についてのみ述べよう。最初の二作品とは『モノロギオン』と『プロスロギオン』である。この表題はギリシア語なので、彼はギリシア語を解した可能性がある。民族移動の嵐が少なかったアイルランドやブリテン島（イギリス）は、早くからギリシア語で書かれた聖書とともにキリスト教の伝道があった。したがってギリシア語を解し、教える修道士が古くから居たらしい。

パリ大学全盛の十三世紀に至っても、パリ大学にはギリシア語を解する学者は居なかったようであるが、オックスフォード大学には、ロバート・グロステスト、ロジャー・ベーコンなど、ギリシア語を解する学者がふつうに居た。したがって、イギリスに近いノルマンディーのベックにギリシア語を解する修道士が居て、修行時代にアンセルムスが習った可能性は十分にある。問題は、ギリシア語の作品として、当時ベックに「聖書」以外のどんな作品が手に取られる状態にあったたか、である。なぜなら当時は手書きの写本しか書物は存在しないので、蔵書はきわめて限られていたからである。

『モノロギオン』は「独り語る」の意味であり、数年後に書かれた『プロスロギオン』は「対話する相手に語る」を意味する。じっさい『モノロギオン』は、プラトン哲学（イデア論）の用語を用いて、アンセルムスは、「自分独りの考え」を展開している。すでに述べた「普遍論争」のことばで言えば、実在論の立場に立って、彼は論じている。

それに対して『プロスロギオン』は、自分の論に反対する他者（ガウニロ）の意見を反映させている。古代のローマで、弁論家として著名であったキケロは、哲学は「対話」、「問答」によるものだと教えていた。そのラテン語作品は、アンセルムスもすでに読んでいたに違いない。そして哲学が「対話」に準拠することから言えば、後者の『プロスロギオン』こそが、まことの哲学だと言える。

しかし『モノロギオン』は、たしかに対話に準拠する哲学としては不完全ながらも、アンセルムスが哲学を試みた最初の著作である。それは、聖書の権威に頼らず、できるかぎり日常的なことばで語り、どんな反論であっても無視しない論述態度を守ることを作品の冒頭で宣言している。*5 この精神は、友人たちと哲学を始めたソクラテスの精神を忠実に反映している。

ところで、ソクラテスは裁判で死刑となったことで有名である。裁判時の彼の弁明は、当時の社会が常識としてもっていた言説が「欺瞞のことば」であることを明らかにし、それに反対して、「正しいことば」を述べたものである。ところで、人間社会が欺瞞に満ちたことばを流布していることは、現代でも変わらない。したがってプラトンの作品に伝えられたソクラテスの堂々としたことばに、現代の読者も襟を正すほかない。

ソクラテスに起きたその事実から知られることは次のことである。

じつは、わたしたちは案外に欺瞞に満ちたことばに囲まれて生きている。そのために、自分でも「正しくないことば」で人生を考える「くせ」がついている。その結果、わたしたちの思考は不安定になり、結論を見出すことができずに終わる。すなわち、一方でわたしたちは、

「ことば」という「考えるための道具」をもつことで、多くのことを効率的に考えることができるが、他方で、私欲から生まれる「欺瞞のことば」が社会にあふれることによって、わたしたちの心にさまざまの「迷い」が生じることが避けられない。

ソクラテスは、それゆえに「ことばの吟味」を始めたのである。間違ったことを言う人が居ても、その人が意図して嘘をついているかどうかは分からない。しかし、それがどうであろうと、間違ったことばで思考した結論は、間違っている。それゆえ、「ことばの吟味」は、発言者がだれか、ということは問題にしない。つまり発言者の権威は無視される。したがって、同様に、どんな内容の本であろうと、本の著者の権威も無視される。それに対して、じっさいに述べられた「ことば」が正しいかどうかだけが、吟味される。それが、ソクラテスの始めた「問答」であった。

それゆえ、神が書いたと言われる聖書の権威を無視して、また教会の司祭のような立派な発言者の権威を無視して、他方、ふつうの人の、馬鹿げて思える反論を無視しない態度をとって論じることは、ソクラテスの哲学精神を見事に受け継ぐものであった。その意味で、そのことを序に書いているアンセルムスの『モノロギオン』は、まことに中世哲学の祖と言える作品なのである。

ところでこうした哲学の伝統を、彼は古代の末期にプラトンを称揚した護教哲学者（教父）アウグスティヌス（紀元後三五四年～四三〇年）と、古代ローマのストア哲学者セネカ（紀元後六八年没：使徒パウロと同期）から、おもに学んだのであろう。なぜならストア哲学は、クセノフォンの『ソクラテスの思い出』を読んで哲学者となったゼノンに始まるからである。それゆえ、ストア哲学はソクラテスがいつも友人たちと会話していた日常性を、その論において守る傾向をもっていた。

中世の哲学に対する古代の哲学の影響について、一部繰り返しになるが、おおざっぱに述べておこう。古代が終わるのは、北方からの民族移動がアルプスを越えて押し寄せ、西ローマ帝国が滅んだことによる。東ローマ帝国（ヘレニズム世界）は残ったが、そこはギリシア正教会の領域だった。カトリック教会が入り込む余地はなかった。他方、かつて異端として放逐されたキリスト教徒が北方に逃れ、そこでキリスト教を伝道していた。そのため第五世紀、都市ローマを奪った西ゴート族は、たまたまキリスト教を知っていた。それゆえ西ゴート族は、教会の外に居た人間を殺しまくったが、教会の中に居た人間には、手を掛けなかった。こうしてローマに居残ったカトリック教会は幸運にも命拾いした。ヒッポの司教アウグスティヌスは、これを「神の意志」と見て、カトリック教会の正当性に自信を深めた。彼が『神の国』という大著を残したのも、この事件を背景にしてのことであった。

一方、かろうじて生き残ったローマ・カトリック教会は、ケルト族の文化が残る北西ヨーロッパに伝道することに、正統教会としての使命感を覚えた。ところでこの地域は、十世紀まで断続的に北方から民族移動があり、そのたびに先住のケルトの人々は、王となった新たな民族の支配を受けていた。カトリック教会は、異民族支配によってむしろ下層民となったケルトの世界に、平穏に、修道院を通じて、聖書とともに古代ローマの文化を浸透させた。中世スコラ哲学は、それにともなって北西ヨーロッパに生じた「ラテン語の哲学」である。

そのようにして生まれた中世スコラ哲学の世界は、当初、東ローマ帝国の「ヘレニズム世界」から完全に切り離されていた。中世期に両者の間に関係が生じたのは、イスラム勢力に対する「十字軍」（一〇九八年以来、数十年の間をおいて数回の派遣）の暴挙があったからである。アンセルムスの時代は、まだ第一回目があっただけであった。しかし数度にわたり軍隊が動いたあと、地中海に人が往来する道ができた。

十二世紀の後半、海の道が拓かれ、目ざとく商人が文物をもって往来した。その中にイスラムがもっていたギリシア哲学の一部、おもにアリストテレスの「自然学」や「形而上学」があったのである。それは十二世紀の末からラテン語に翻訳され、すぐに十三世紀のパリ大学やオックスフォード大学の哲学部を席巻した。

つまり十二世紀までは、西ヨーロッパに知られていたのは聖書を含め、カトリック教会がもっていたごく限られた数のギリシア語作品のラテン語訳のみであった。九世紀のスコトゥス・エリウゲナによってギリシア語のディオニシオスの偽書『神名論』や『天上階梯論』などがラテン語訳されていたが、中世哲学にその明瞭な影響が現れるのは、じつはずっとあとになって、アンセルムスの死後一世紀余りのち、十三世紀になってからであった。

偽ディオニシオスの作品は、現在は偽書であることが判明しているが、中世では使徒パウロに連なる司祭が書いた作品と受け取られた。そのために、その作品はカトリック教会にとってはアウグスティヌスに勝るとも劣らない権威をもっていた。したがって、十一世紀のアンセルムスの作品にも多くの言及があってしかるべきであるが、じっさいにはまったく影響は見られない。どうやらアンセルムスはエリウゲナが訳した偽ディオニシオスを読んでいなかったらしい。偽ディオニシオスの影響がはっきり現れるのは、十三世紀、トマス・アクィナスからである。

しかし、後にではあれ、偽ディオニシオスは十三世紀以降のヨーロッパ中世哲学に大きな影響を及ぼす。そのため、ここで簡略に触れておきたい。偽ディオニシオス哲学が後に及ぼしたものは、「否定神学」と「新プラトン主義」である。このうち、「否定神学」は、アウグスティヌスも、アンセルムスも、知らない。

「否定神学」というのは、この世を超越した神は、この世に見られるものを否定することによってのほか正しく表現できないと見て、神については「否定辞」で述べるほかないという神学である。すなわち、この世のものが「存在」なら、神は「非・存在」であると、述べる。あるいは、この世のものが明るく照らされて「光」をもつとすれば、神は「闇」だと、述べる。一般的には、神こそ、ほかの何より、「光」であり、「存在」であると言われるのであるが、偽ディオニシオスは一般人の素朴さを小馬鹿にして、神の「超越性」を強調する。それゆえ、彼は神を「否定辞」で語る。

他方、アウグスティヌスはキリスト教徒になる前に「新プラトン主義」を学んでいた。そしてアンセルムスは、アウグスティヌスを通じて新プラトン主義を知っていた。しかし本来の「新プラトン主義」は、神について否定辞主義ではない。肯定的に神の「最高」性を強調し、この世のものは神の存在からあふれ出た「存在の流出」と見る。

この思想の背景にあるのは、おそらく、メソポタミア文明がもっていた世界観である。たとえばヨーロッパを経由してわたしたちが知る「星占い」は、メソポタミア文明の遺産と見られる。つまり天上の星の運行が地上に生きるわたしたちの運命に「決定的な影響」を与えている、という世界観である。そして英語の「影響」influence は、「あふれて流れ入る」意味のラテン語に由来する。流行性感冒と訳される「インフルエンザ」も、同じ語に由来する。つまりこの病気も、古くは星の影響と考えられていた。

つまり、新プラトン主義が背景としている思想は、天上の星や太陽の運行に、地上の自分たちは知らないうちに左右されているという思想である。その思想が、プラトンの哲学用語を得て「新プラトン主義」と呼ばれるものになった。つまり人間は自由な意志で行動していると思っているが、自分ではそう思っていても、じつは星の運命に支配されていると、考える。

したがって人間精神の生きる最善の方途は、天上の方向に精神を振り向け、そこにある階梯（星の運行はいくつかの段階をもつ天球によって説明されていた）を昇りつめ、北極星が示す最高の存在「善にして一なるもの」に自らの精神を一致させることだと、新プラトン主義者は考えるのである。そしてそれを実現する「高度な思惟」は、プラトンのイデア論のような「抽象的言語に満ちた思想階梯」だと考えられた。あるいは、ピュタゴラスの哲学のような「数」と「図形」のうちに天上の神秘を読み取る思惟であった。

たしかに作品を見る限り、アンセルムスは新プラトン主義の思想に「染まっていた」とは言いがたい。ただ、自分が尊崇するアウグスティヌスが取り上げたプラトン哲学の用語を用いて、アウグスティヌスに倣い、キリスト教の教義（三位一体の教義）をイデア論的に説明することを、自分の仕事の第一歩にしている。すなわち、周囲に見られる様々な善は、それを超えた唯一の善にもとづくことを説明し、さらに、父、子、聖霊が、善きものであることにおいて一致していると、説明している。それが『モノロギオン』であった。

しかし他方で、アンセルムスが説明しているように、もしも「哲学」が聖書の権威によらずに聖書が教える内容を代わって説明できると言えるなら、哲学を教えることができればキリスト教会の教えは必要ないことになるだろう。なぜなら、「キリスト教会の教え」とは、畢竟、「聖書の教え」だからである。したがって当時の教会権威が自分たちの立場を揺るがす危険を本能的に哲学に感じたのは、至極当然である。

じつはヨーロッパの哲学とキリスト教は、或る共通性をもっている。*6 そのために、ある種の思想については、哲学にもとづくか、キリスト教信仰にもとづくか、一概には言えないことが起こる。じっさいヨーロッパは、近代以降、キリスト教会の権威から離れて、啓蒙哲学を通じて民衆道徳を実現する社会を模索する方向に舵を切った。近代フランス革命は、教会が求めた聖性を排除して、世俗性をもとめる「啓蒙主義」を哲学にもたらした。そのためヨーロッパは、たとえばすべての人間に「人格（ペルソナ）権」があることは、あくまでも「哲学」が見出した真理であると主張して、それを公共の真理と認める社会を実現した。しかし実際には、「人権の思想」は中世期の「ペルソナ神学」を機縁としている。*7 たしかに近代哲学によって産業社会における民衆にとっての人権の研究が進んだが、人権の思想が生まれた機縁となったのは、あくまでも「聖三位一体」論というキリスト教の神学問題であった。

以上、アンセルムスの死後の歴史まで触れた。しかし中世哲学の歴史を知るためには、まさに哲学とキリスト教の相似性がもたらす複雑な関係に慣れなければならない。じっさい歴史事実として、哲学を大胆に取り入れたアンセルムスは、六十歳でカトリックの大司教に取り立てられた。他方、アベラールは、普遍論争を通じて哲学の普及に大いに与ったが、六十歳を過ぎて教会権威によって厳しく糾弾された。すなわち、近代のはじめにガリレオ・ガリレイがキリスト教会の裁判で太陽中心説を否定する自白を強要されたことはよく知られているが、同じようなことは、すでに哲学に関して、十二世紀に起きていたのである。

老アベラールは糾弾され、彼の著作は読むことを厳しく禁じられ、教皇庁に許しを得ようと出かけた旅路で、病に倒れた。*8 病に倒れた彼を迎え入れた修道院の院長は、その亡骸をエロイーズの居た修道院に渡し、亡骸はその墓地に葬られた。エロイーズに葬られたことは、アベラールの人生最期の救いだったかもしれない。他方、アンセルムスは死後には聖人として手厚く教会に迎えられた。この差は何かと言えば、アンセルムスが「神」の権威に対する謙虚さを、あるいは教会の長上のものへの敬意を、十分に示していたからであったと推察される。

しかし読者の中には、謙虚さだとはいえ、結局は、それは「神」の権威に身をすくめるような態度ではないか、「哲学」の批判精神と矛盾するのではないかと、疑問が生じる向きもあるだろうが、それは誤解である。なぜなら、ソクラテスが『弁明』で示したように、[*9]「己の無知を認める」ことは、反対に「神を、自分より知恵をもつものと認める」ことだからである。そして「無知の自覚」は、哲学の出発点なのであるから、「神への尊崇」は、「哲学」とかならずしも矛盾することではない。それゆえ、神と哲学双方に対するアンセルムスのたしかな誠実さは、哲学を求める若者から崇敬され、それと同時に、当時のキリスト教会の権威たちも、その姿勢を高く評価したのである。

4　知識を学ぶ際のことばの吟味

アンセルムスが普遍論争を耳にしたことで哲学の道に入ったことは、おそらく間違いないと思われる。そうでなければ普遍論争で名をなしていたランフランクスが居た修道院の戸を叩いた理由が分からなくなる。しかし、彼の作品には普遍論争に直接かかわる議論はない。明らかに、彼は後にアベラールが進んだ道を選ばなかった。その理由を見つけることは彼の哲学を理解するカギになる。

どうやら彼は、普遍論争を通じて哲学を知ったが、普遍論争がもつアリストテレス哲学偏重に気づいたのではないか。逆に言えば、彼がアウグスティヌスの哲学を研究するうちにプラトン哲学がもつ真実性に気づいたのではないかと思われる。たしかにアンセルムスの作品にはそれを示すことばを見つけることはできない。しかし、彼の最初の作品がプラトン的概念にもとづいていることは確かなことである。そしてその一方で普遍論争は、彼に哲学の思考の本質の一端を教えたことは、たしかなことだと思われる。わたしたちはそれを推測するために、普遍論争をいささかなぞってみる必要がある。

ギリシア哲学は、ギリシア語の文化を基盤にして、ペルシア由来の人生訓など、もろもろの知識が混合して、生れたものである。言い換えると、ギリシア精神の器にペルシア由来の知識を盛って、ギリシア人がギリシア語の消化器官を通してそれを消化したとき、そこから生れたのがギリシア哲学である。なぜこのようなことが起こるかと言えば、人間は自分が使っている「ことば」でものごとを「考える」からである。すなわち、他人のことばであっても、つねに人は、自分なりの考えの筋道で他人から聞いたことがらを受け取るからである。

そして、ペルシアから受け取ったものは、それが本当かどうか、つまりその真偽を確かめる必要が、ギリシアにはあった。なぜなら、相手は大帝国である、疑わなければ、だまされて奴隷にされるかもしれない。しかし、真偽を確かめる基準（尺度）となるのは、やはり自分たちが使っている「ことば」のほかない。なぜなら、天文知識、人生訓など「ことば」でしか聞かされなかったことは、「ことば」によってしか吟味できないからである。つまり人生訓はともかく、ギリシアには天文観測所はなかったので、天文知識については、ペルシアが述べる「ことば」通りの知識を、ペルシアから学ぶしかなかった。

ところで、ギリシア語で「ことば」は、「ロゴス」である。したがって、「ロゴス」にもとづいて「ロゴス」を考えることが、「哲学」であり、また「科学」である。そして「ロゴス」は、「論理」、「理性」、「根拠」、「○○学」等々と訳される。

ところで、ものごとを「理性的に」（ロゴスのみにしたがって）正しく受け取るためにはどうすればいいか。まず考えられる「方策」は、次のことである。すなわち、わたしたちは、冷静に、ものごとを「数え」て、他のものとの「比」を見ることを、学校で教えられている。理由は、それが科学的だからである。たとえば、炭酸ガスが多いとか、少ないとか、漠然と考えるのではなく、炭酸ガスの大気中の「分量」を、他のガスとの「比」で受け取り、一定の観測場所で一定の観測器具を用いて一定の方法で現在観測されるその「数」を、時間経過と「比べる」ことによって、その原因が人間活動由来か、天体活動由来かを考えることが、科学的だと見られている。

なぜかと言えば、ギリシア語の「ロゴス」（発言すること）には、「数える」という意味があるからである。ところで、ソクラテス以前に「数える」ことにもとづいて、ものごとの「比」を見出すこと、それが「真理」だと考えたのが、ピュタゴラスであった。彼によって「数学」が生まれたのであるから、ピュタゴラスのように、ものを数えて、数と数の比を考えることが、「数学」である。たとえば音の高さを数えて、その比を見出したとき、ヨーロッパは七音階の「音楽理論」（音楽学）を見出した。そして物体と物体の数の比を見出すために、物体についての「一定の観測方法」を加えたのが、近代の物理学である。

こうしたことが「考えられた」根拠は、ギリシア語という「ロゴス」であった。ところで、「哲学」は、「数える」だけでなく、より一般的に、人が何かを「言う」ことにもとづいている。そしてすでに述べたように、敵は「間違ったこと」（偽り）を「真だ」と言うかもしれない。ところで、そのとき、発言する人間を信ずるかどうかは、その人が言う「ことば」が真であるかどうかとは、別問題である。なぜなら、その人自身が騙されているかもしれないからである。また、たしかに、一冊の本を「信ずるか」どうかは、その本の著者が、あるいは、その本の出版社が、あるいは、その本を勧める人が、「信用できるか」どうかの問題であるが、それでも、その本に書いてあることが「真であるか」どうかは、それとは必ずしも同じことではない。

したがって、「ことば」が真であるかどうかは、その「ことば」を言っている人間や、本や、組織の信用問題から離れて、その「ことば」自体の真偽をあらためて確かめることで、はじめて正確に分かることである。わたしたちは「人に」ではなく、「ことば」にだまされないように、「ことば」を「吟味する」必要がある。なぜなら、わたしたちの理性は、直接には、自分が受け取った「ことば」によってだまされるのであって、それを発言している本や人に、だまされるのではないからである。

それゆえ、哲学は、「ことば」の真偽を吟味して、正しいことばを手に入れ、それによって「正しいことばにもとづく理性を手に入れる」活動だと言うことができる。そして本当の哲学者は、自分に間違ったことを言う人間を恨んだり、怒ったりすることはない。なぜなら、その人は、別の人から聞いた「ことば」に騙されているだけだからである。

5　ことばが通じることと真理及び客観性

さらに、つぎのことを見ておかなければならない。すなわち、「ことば」が社会性をもつことである。わたしたちは、「ことば」を、自分が育った特定の社会から学ぶ。その社会で生きるためである。したがって「ことば」は、同じ社会の他者に「通じる」ものでなければならない。つまり複数の人々に、言い換えると、同じ社会のわたしたちの間で、「ことば」は「共通」でなければならない。じっさい、わたしたちは「同じことば」で、「同じことを考える」。

このことを意味して、「ことば」は「共通」であると言う。じっさい、ラテン語で「共通である」こと」は、communicatio（コムニカティオ）と言う。「コム」は「一緒に」という意味であり、「ムニカティオ」は、「変化する、動く」という意味である。それゆえ、二つの心が「一つのことば」で「一緒に変化する」とき、すなわち、「一緒に動くとき」、心は「通じ合う」と理解される。

ところで、わたしたちは他者との間に見いだされる「共通性」を、しばしば「客観性」と取り違える。つまり自分が「同じことば」で他者と「同じことを考える」事実を、科学の客観性と同類のことであると見誤る。たしかに科学が提示する事実は、社会一般に共通な事実と見られている。

しかし、科学の「客観性」ないし「対象性」objectivityは、一定の実験器具や観察道具、測定方法、計算方法などが専門家の間で吟味され、納得されたものが用いられることを通じて「対象化」ないし「客観化」されるものである。そして専門家の間でその吟味が「共通に納得される」ことによって、社会に「共通化」される。言うまでもなく、対象の種類によっては、観察時間、観察場所も、一定のものとなるように吟味されている。科学者になるとは、そういう科学的方法を学ぶことであって、それなしには科学的事実を見出すことはできない。すなわち、科学の「客観性」は、一般社会がもっている「ことばの共通性」だけではありえないのである。つまり「客観性」は、「対象化」に当たっての「特別な方法」を通じて特別に作られる。

しかしそれに対して、「ことばの共通性」は、科学の方法のように、特別に学ばなくても学習されるものである。じっさい、「ことば」の学習は、或る「ことば」を聞いたときに、相手の考えと「同じ考え」を自分の心の中に見つけることである。それはさまざまな経験を味わうときに、同時に他者の「ことば」を聞くことによって、その二つの経験が重なることで学習されるものである。人は幼児の頃から死ぬまで、そのように「ことば」を学習している。

すでに述べた通り、ラテン語の「コムニカティオ」communicatioは、「一緒に動いて変化する」ことを意味している。つまり「ことば」が交わされるとき、人の心が「一緒に（同じように）動く」ことが、ことばの「共通性」である。それを、わたしたちは日々、無数に経験している。

そして、それはお互いの心が「一致する」ことである。ところで「一致」が「真理」veritasである。したがって、「ことばの共通性」が「真理の始原」principium veritatisである。

それに対して、「客観性」objectivityとは「対象性」であり、ものごとを「対象化」することである。そして「対象化」とは、「主体」(自己性)から「切り離すこと」である。ところでラテン語において「主体」(自己性)とは、生命活動の「自発性」を意味する。したがって、「対象化」とは、主体から生じたものであろうとも、それを「主体から切り離し」て、いわば「事物化」することである。たとえば、映画館でスクリーンに投影された像は、俳優が主体的に見せたものであろうとも、フィルムのうえに事物化している。

したがって、「事物化する」ことは、直接には「主体からの切り離し」であって、「真理化」ではない。

とはいえ「事物化する」ことは、無数の人々に特定の事物を「同じように(共通に)見せる」ことである。そしてそれは、ことがらを無数の人々が「共有する」ことを可能にする。そして、すでに述べたように、「共有する」ことは「真理の始原」だから、「対象化」は、「事物化」を経由して、「真理性」を生ずると言わなければならない。そして、「対象化された」ことで真理となったものは、客観化されたものであるから、「客観的真理」である。

また、「抽象」abstractioは、ラテン語で「引き離すこと」を意味する。すなわち、「抽象」も、じつは第一には、「主体から切り離すこと」である。まさにそれゆえに「抽象的なもの」

は、主体が直接に関わる具体性を失っている。たとえば、「わたし」が相手にする「あなた」は、抽象すること（二人以上の間で共通の話題とすること）で第3者が知る「それ」ないし「彼」になる。つまり抽象は、ことがらを主体との関係を失った事物にするだけでなく、それによって主体に感じられる事物の具体的な物体性の少なくとも一部を奪う。すると抽象されたものは、目前の世界からは消え失せ、「心の中にしか無いもの」、すなわち、たんなる「概念」となる。

ところで、たんなる「概念」になることは、「主観的な存在」になることと思われるかもしれない。しかし、かならずしもそうではない。その概念は主体から切り離されることで、事物性を概念の内に懐くことになり、むしろ無数の人々に共有される。そしてそれゆえに、抽象化されたものは第3者的な客観的真理と見なされることが起こる。

じっさい、客観化されたことがらも、抽象化されたことがらも、「ことば」によって「共通的に表示」される。つまり「ことば」の「共通性」は、科学の「客観性と抽象性」をその内に取り込むことができる。ところが科学的認識こそ認識の理想であるという主張が近代の哲学者によって喧伝されたことによって、現代では多くの人が第1者と第2者の間に共通である「主観的真理」よりも、それから切り離された「第3者的真理」こそ、つまり事物的真理こそ、信頼できる唯一の真理であると思い込まされている。

わたしたちは、一対一の問答の場の哲学が、事物の「客観性」ではなく、じつは、一人対一人の間のことばの「共通性」だけをよりどころとしていることを知らなければならない。なぜなら、「客観性」は「主観性」と対比される「ことば」であり、他方、「共通性」は「個別性」ないし「孤独性」、あるいは「非・共通性」と対比される「ことば」だからである。つまり「客観性」と「共通性」は、それぞれ対比される「ことば」が違う種類の「ことば」なのである。言うまでもなく、共通性をもたない客観性は真の客観性ではない。偽（幻）の客観性である。なぜなら、すでに述べたように、「真である」ことは何よりも2者の間での「共通性」にもとづくからである。

それゆえ、或る主体が間違った客観をもつとき、その見解は他者に通じる共通な見解にはならない。なぜなら、「真ではない」見解は、客観的見解であろうと、主観的見解であろうと、他者と「共有できない」からである。しかし、反対に、客観性がないものであっても、共通性があるものは、たしかに真に「在る」。なぜなら、共通であれば、それは第2者に通じるからである。また、主体からの切り離しによって「客体」となっていなくとも、「共通性」があれば「真である」からである。

したがって、真理は、本来的に、主観的真理であり、心と心の一致であって、心と外的実在との一致ではない。心と心の一致は、主観性のみによって成立する一致（真理）であるが、心と外的実在との一致は、事物的客観性に対して主観の共通性の真理が加わらなければ成り立たない一致（真理）である。

じっさい科学的見地から言えば、見えないもの、あるいは、今のところ見えていないものは

「存在しない」と語られる。しかし、「存在しない」ものは、「真ではない」。したがって、科学的に存在が証明されないものは、科学の場では、端的に真ではない。そして科学的に存在が証明されないもの、すなわち、観察されないものは真理ではないと言われるのなら、科学とは区別される哲学は、つまり哲学の独自性は、見失われる。なぜなら、科学（客観）の見地から見えないものが、「真に在る」と言うことができないのならば、哲学は科学とは区別される学問ではありえないからである。すなわち、その仮定が正しければ、哲学は学問（科学）ではない。

哲学は、客観的真理ではなく、主観的（わたしの）真理を見出す学である。真理が、客観性ではなく、共通性によるものなら、哲学は、「ことばの共通性」にもとづいて、科学とは異なる真理を見出す独自な学問であると言うことができる。なぜなら、「ことば」を「言う」のは、まずは「わたし」であり、それが、それを「聞く」側の「わたし」に「通じる」（共通である）ことが、「ことば」の「共通性」だからである。この「共通性」は、すでに述べた通り、「客観性」ではない。なぜなら、二人の間で、「ことば」によって「同じこと」が考えられているだけであって、第3者にまで通じるように、「同じこと」が「対象化」されている必要はないからである。

「対象化」することが何を生じるかと言えば、自己から離れた「客観的存在」という「新たな存在」を理性のうちに生じる。しかしこの存在は、じつは「複数の人間理性を名乗る者」（科学者）によって「作られた存在」である。ただし、「作られた存在」ではあるが、学者たちによってつねに心の外の実在との対応が吟味され、図られることによって、多数の人々の間で「真である」という評判を保っている。たとえば宇宙の標準理論と呼ばれる現時点の科学的真理も、巨大加速器による実験結果と合うように、つねに変更を迫られている。

他方、古来、プラトンに始まる多くの哲学者が、「客観的存在こそ真の存在である」という理解をもつのは事実である。言い換えると、科学が対象にしている存在が真の存在であって、個々人が個々の場で生きているところに見えている存在、つまり主観的存在は、真の存在ではないという理解が、多くの哲学者によって間違って広められてきた。このことに大きな役割を果たしたのが、近代科学技術による産業革命である。科学的真理は真の実在的真理であることを、科学技術はわたしたちの生活実態を変えて見せることによって、わたしたちの心に強く印象付けたのである。

しかし科学が告げる「真理性」、言い換えると、「それが真であるということが通じる範囲」は、じつは宇宙の極少部分に過ぎない。じっさい、科学技術が対象にしてきたものは、地球上のごく一部の領域に在る人間生活の実態を変えたが、それによって、より大きな地球上の自然界の健全性を急速に破壊していることは、今日、明白だからである。自然界の健全性が破壊されることは、人間の科学が、自然界にとっては「誤り」であることの証左である。なぜなら、人間の科学技術によって自然界が破壊されているという事実は、人間の科学は、たとえ地球上の自然という限られた自然とのことであろうとも、「一致すること」、すなわち、「真理を証明すること」が「成らずにいる」ことを意味するからである。したがって明らかに、人間の科学がつくる「客観存在」（科学が示す世界）は、人間世界を超えた実在ではなく、人間世界というごく限られた世界にしか通用しない（その内でのみ真であり、その外では真ではない）存在なのである。

それに対して、わたしたちが一般的にもつ「ことば」は、ことばを交わすものどうしの間に、「通じていれば」よい。すなわち、二者の間で「真であれば」十分である。離れた第三者に「通じるものである」（真である）必要は無い。そして二者の間で完全に共有できるなら（真であるなら）、それは、別の二者の間でも「真である」可能性がある。それゆえ、「ことば」が「通じる範囲」のすべてにわたって、哲学が見出す主観的真理は、科学に劣らず、「普遍的に真理である」可能性をもつ。

とはいえ、このような「主観性と客観性」の区別は、大多数の人は聞き馴れないだろう。今までに、ほとんど論じられたことがないからである。したがって、以上のような説明を受けても、読者はその意図を理解することが簡単ではないだろう。しかし、この問題は、次章で問題にすべきことがらで、この章では、触れておくだけで十分である。というのも、カンタベリーのアンセルムスは、わたしがここで論じた主観性と客観性の区別に、残念ながら、はっきりとは気づいていないからである。とはいえ、他方で、主観性と客観性の区別をもたなければ、アンセルムスの哲学の中身を有効に分析することはできない。

6 客観的普遍認識と主観的道徳認識

翻ってみれば、わたしたちは、ふだん、身近な世間から広い社会に出て、活躍したいと願っている。そしてそのために、わたしたちは主観から出て客観的認識をもつことを、自ら求める。なぜなら、科学によって様変わりした現代世界では、科学が見出す客観的認識こそがみなに信頼され、評価される認識だからである。すなわち、現代世界は科学技術によって作られている。それゆえに、科学的認識こそ最高の認識であり、真なる認識であると、つまり唯一の真理であると、一般的に思われている。

そしてわたしたちは、そのために、一人一人の違いが生じやすいところ、すなわち、個人的主観、個人の感覚、感情を、できるだけ排除しようと努力する。たとえば近代科学は、主観の誤差を排除するために、観察器具や実験器具を工夫した。そのような工夫にもとづく認識は、わたしたちに、主体から切り離してものを「対象化」することを可能にした。つまり、一定の観察方法を対象事物との間にはさむことによって、認識内容を主体から切り離して「客観化」することを可能にしたのである。そうしてそれを「ことば」にして「共通に」表現したものが、わたしたちが一般に、「普遍」universale と呼ぶものである。

したがってまた、「普遍」は、もともと科学を構成できるように客観化（対象化）された認識である。すなわち、「普遍」は人間の作為による構成概念であり、「普遍」によって、人文科学を含めて、さまざまな科学（学問）が作られてきた。たとえば、生物学が対象にする「人間」や「馬」は、生物の「種」である。しかし、この「種」は、外界に実在するのか、と言えば、科学者は実際には外界で個物を相手に研究するので、「種」は実在しないと考える。つまり科学は種を研究するが、種的客観性は、外界に在るのではなく、外界を認識するわたしたちが特別に工夫して作るものである。すなわち、わたしたちの間の主観的「共通認識」である。したがって、フッサールが指摘したように、本質的には、科学の「客観認識」は、人間の「共同主観」の類を出ない。つまりそれは、科学文明の社会が作り出す或る「特殊な共同主観」なのである。

じっさい、わたしたちの認識は、どれほど事物との関係を工夫しようとも、「人間がもつ認識」であることに変わりはない。したがって、その認識は、対象の事物自体ではありえない。つまり純粋な事物の姿ではありえない。いくら吟味して事物を対象化しても、その認識はあくまでも「人間に見える姿」である。科学が事物そのものを認識できると考えるのは、認識する自己（主体）を見落としている人の考えである。

さらに認識するときの主体性もさることながら、使用においても、科学の使用は、個人の主体による使用である。じっさい、科学の真理を発見したのが個人であるなら、それを用いるのも個人個人の主体であって、個人の主体を離れて「科学の使用」があることはない。したがって、社会が科学の使用に当たって、個人の主観（主体性の自覚）を無視するなら、その社会は、必然的に、科学技術の使用に当たって道徳性を失う。なぜなら、道徳行為は、主体の自覚があるときにだけ、その主体の行為としてありうるからである。機械が指示されるままに人助けをしても、機械の活動は、主体の自覚がないゆえに、道徳行為とは見られない。したがって、科学の使用には、使用する個人の主体の自覚が必要である。なぜなら、「わたし」が科学を使用するとき、その主観的な真理判断には、「わたし」という主体の自覚が必然だからである。そして行為における主観的真理とは、「主体の道徳律」である。

そして「主体の道徳律」とは、個人的主体の行為における「正義」である。あるいは、何かの「意義」である。すなわち、事物の認識に意味を与えるのは、個々人の自己（主体）である。ところで、認識が客観的であると証明することは、わたしたちが、自分たちがもつ認識から「主観性を排除する」ことである。しかし、自分たちの認識から主体性を排除するなら、わたしたちがもつ事物の認識は、わたしたちの「主観にとっての意味」を失う。そのときわたしたちは、ひるがえって見ると、事物に対して無責任で無意味な存在である。あるいは、中立的で非道徳な存在である。言い換えれば、対象事物に対して、自らの主体性をもたない「事物のような存在」である。それゆえ、科学に対して間違って専念する科学者は、どれほど事物の理解に客観的であっても、いな、むしろそうであるだけ、自分を見失った不道徳な人間である。

すなわち、客観的認識それ自体は、わたしたちにとって「無意味である」ことを、わたしたちは認めなければならない。つまり「善い」ものでも、「悪い」ものでもない。それゆえ、そもそも事物の「完全な客観認識」は、事物の認識以上のものではなく、主観にとっての意味をもちえない。したがって、わたしたちは科学的認識、「客観的認識」と呼ばれるものに対しては、それをどのように受け取るか、自己の主体において、決めることが出来なければならない。それなしには、客観的認識は、わたしたちの認識として有意味なもの（善いもの）ではない。したがって、もしも科学的真理に意義があるとしたら、すなわち、社会が、科学認識に意義を認めるなら、そのとき、そこでは何らかの主観性（何かに利用しようとする欲求）が完全に排除できていない。

以上のことから言えることは、次のことである。すなわち、「ことば」は、まずは「共通なもの」、すなわち、「相互に通じるもの」である。通じないものは、相互の間で「ことば」ではない。外国語であり、雑音である。それゆえ、「ことば」は通じてこその「ことば」である。そしてそれが通じ合う「ことば」であるとき、わたしたちの間で「納得」があり、「一致」があり、「真理」がある。

しかし、「ことば」でとらえられるわたしたちの認識は、さらに「共通に対象化する」、あるいは、「共通に抽象化する」工夫を加えることによって、同じことばを用いるわたしたちの間で、「ことば」を、「事物」化し、科学を構成する「普遍」とすることができる。

事物化した普遍は、二者の間で共通なだけの概念ではなく、「客観」と呼ばれる認識であり、第3者的に共通化された概念である。すなわち、それは、1人称、2人称のことばから離れて、3人称でのみ語られる「ことば」である。そして、それがもつ意味は、無数のわたしたちの間で共同的に決定される。つまり第3者として認識されるものがもつ意味は、事物自体の意味ではなく、わたしたち多数が、自覚の上でかそうでないかは別として、共同して事物に押し付けている特殊な意味（普遍）となる。

この「普遍」がもつ意味から、つまり個々のものを3人称で事物化して考えることから、わたしたちは、それを、もはや生きている主体として考えることを止めてしまい、一対一で「相手と差向う」自分たちの主体の自覚を見失って、気づかぬうちに道徳性を失い、悪に手を染めることを起こしがちである。わたしたちが事物を手にしたとき、たとえば刃をもつとき、それを事物に向けるにしろ人に向けるにしろ、その利用が善悪いずれでもありうることは、周知のことである。それゆえ、それが人間であっても、「兵隊」として概念上抽象化し事物化するとき、兵隊という人間は「人殺しの道具」でしかないと理解される可能性が、それを采配するものに生じるのである。

わたしたちが「客観」について知っておかなければならないのは、以上のことである。

7　真で在るものが実在する

ところで、すでに指摘したように、「ことば」は、「真である」ときもあれば、「偽である」ときもある。また、「真で在る」とは「実在する」ことを意味している。なぜなら、「実在する」とは「真に在る」ことだからである。「外界に在る」ことではない。それゆえ、「ことば」は、「真である」とき、「実在している」。また、「偽で在る」とき、「実在しない」。

そして哲学が問題にするのは、すでに述べたように、「ことば」が真であるか偽であるか、である。それゆえ、或る種の「ことば」が「普遍」であるなら、「普遍」についての真の哲学問題は、その「普遍」が、真であるか、偽であるか、の問題である。そしてこれが、哲学において、実在するか、実在しないか、の問題である。

したがって、「普遍」が実在するか、あるいは、「感覚的個物」が実在するか、どちらなのか、という問題は、哲学の問題ではない。なぜなら、「個物」は感覚的に直接知られるものであるから、それが「在る」か「無い」かは、現場において吟味すれば主観的に明らかである。したがって、それは「ことば」の吟味を行う哲学が問題にすることではない。その個物の観察方法がたとえ専門的なものであっても、そのときは専門の科学者が必要なだけ観察して確認すればよい問題である。他方、哲学が何よりも問題にしなければならないのは、「普遍」とされた

「ことば」が、「真である」かどうか、である。

注意しなければならないのは、科学の見出した「法則」は、「比の数」という「ことば」で述べられているから、それ自体は「普遍」である。したがって、科学は、この「普遍」を吟味する必要がある。しかしこの場合も、その「普遍」の真偽は、その普遍が内包している個々の事象を吟味することである。つまり科学が吟味しなければならない対象は、何よりも、普遍が内包している「個々の事象」の存在である。ただし、「普遍法則」の書き換えは、その個別事象の吟味の下に数学的になされる。じっさい、「普遍法則」の書き換えは、科学者がする吟味ではあるが、さまざまな「普遍」の検討を含むかぎりでは、たしかに哲学的な側面をもつと言える。

すなわち、特定の「個物」が真で在るかどうかは、それが現実に、外界に存在するかどうか、である。それに対して、すでに述べたように、「普遍」は「ことば」の存在であるから、その真偽は「ことば」で吟味して明らかにしなければならない。すなわち、「普遍」が真であるかどうかは、「科学」ではなく、「哲学」(ことばの吟味)によって吟味する必要がある。

以上のように、「感覚的個物」と「普遍」は、その「実在」(真であること)を確かめる方法が、それぞれ違う。一方は「事物」であり、他方は、「ことば」だからである。それゆえ、その二つを並べて、どちらが真で在るかと問うのは、哲学の似非問題である。すなわち、「普遍論争」となった問題は、アリストテレス学派によって作られた偽りの哲学問題に過ぎない。

8 アンセルムスが普遍論争から知ったこと

アンセルムスは自分の作品で普遍論争に触れていない。かれが触れないのは、その欺瞞に気づいていたからかもしれない。とはいえ、普遍論争は、その問題に刺激されて普遍と個物について考える機会を彼に与えたはずである。すなわち、アンセルムスも、その論争の渦中に在って、自分の心の中に在る「ことば」のはたらきを、あらためて考え直すことがあったに違いない。

じっさい、彼は『真理について』のなかで、「では、君の求めているものは、表明そのものなのか、その表示なのか、あるいは、陳述の意義に含まれている何かなのか、考えなさい」と、生徒に対して言っている。[*10] こうした「ことば」の区別は、心の中の「ことば」のはたらきに敏感にならなければできないことである。

じっさい、「ことば」はまず、「声」vox による「表明」oratio である。つぎに、「ことば」は心の中で、或る「ことがら」を「表示」significatio する。そしてそれは、その「陳述」enuntiatio が規定している「何らかの意味」aliquid を表示する。そして、論争中に、相手の論じる声は、聴覚がとらえる。それを「ことば」として受け取るのは、心である。心は、何らかの「事態」を陳述から読み取り、さらに、その事態に「意味」、すなわち、何らかの「真」を思う。

すでに、わたしが検討したように、哲学の吟味においては、「真である」ことが「実在する」ことである。それゆえ、普遍であること、個物であること、それぞれ、もしも真であるなら、それは実在する。ただし、感覚的個物の実在は、各人の感覚によって明らかになる。したがって、感覚がとらえることのない「個物」か、あるいは、心がつくる「普遍」だけは、実在するかどうか、真で在るかどうかを、理性（ことば）によって吟味しなければならない。

ところで、「神」、「人間」は、神一般であり、人間一般である。したがってそれらは「普遍」である。他方、「このペルソナ」、つまり父のペルソナ、子のペルソナ、聖霊のペルソナは、「個」であると言われる。福音書が伝えるところによれば、「個」であるイエス・キリストが「父」と呼びかけたものが、「個」であることは明らかだからである。同様に、一人一人の個人は、言うまでもなく「個」である。

ところで、わたしたちが出合う「個人」が実在することは、経験的に明らかであるから、「個人で在る」ことは「真で在る」。他方、「個人は人間である」は、「真で在る」。なぜなら、「個人」には「人間」が普遍的に含まれて在るから。

他方、わたしたちは経験的に、あるいは、感覚的に、神の「個」に出合わない。神との出合いの経験が教会によって認められているのは、預言者か、神の子イエスだけである。なぜなら現在だれかが出会ったと言うなら、キリスト教会の出番がなくなるからである。「会った」と言うなら、発言者は明瞭な「異端」として排除される。じっさい、聖書にある伝えによれば、神を「父」と呼んで、まるで「会ったことがある」かのような発言をイエスがしたために、ユダヤ教会は彼をローマの十字架刑に処した。したがって、同じことはキリスト教会でも起こる。

それゆえ、「神」は、教会の「ことば」によって、「普遍」であるかぎりで語られ、他方で「三つのペルソナ」について、それぞれが「個」であるかのように、やはり教会の「ことば」によって語られる。したがって神の「普遍」についてもペルソナの「個」についても、「真で在る」ことが「ことば」によって吟味されなければならない。そして「神」が何であるかを教えているのは教会である。それゆえ、教会の教義を、真偽を見極める「ことば」によって吟味しなければならない。アンセルムスの『モノロギオン』は、その試みである。

9 『モノロギオン』の神の存在証明

アンセルムスは『モノロギオン』で神の存在を論ずるために、まず「善の概念」を取り上げる。ところで、「善」という「ことば」は、まったく対象化され客観化された事物については、意味をなさない。なぜならどんな事物も、他の事物との関係においては、善であるかどうか不明だからである。たとえば自動車にとってオートバイが善か悪かと、問題にする人は居ない。すなわち、主観性が関わらない端的な客観的事物については、「善」を言うことできない。むしろ「善」は、「主観」において普遍的に言われる。なぜなら、ものは何であれ、何らかの意味で、主体に対して「善」だからである。あるいは、主体にとって忌避すべき「悪」だからである。

ここで「主体」と言われるのは、生命活動によって生まれる「自発性」にもとづくはたらきである。わたしたち人間は、みな「生きて在る」。そして「生きて」在るかぎり、生きる自発性のはたらきをもつ。神の「存在」も、神が「生きて在る」を意味する。それゆえ、神は、生きて在る自発性をもつ「一個の主体」である。そしてわたしたちの一人一人も、同じ仕方で「一個の主体」である。

主体に対して周囲の存在は、より大いに善であるか、より少なく善である。あるいは、より大いに悪であるか、より少なく悪である。同等のものもあれば、程度に違いがあるものもある。そして主体の周囲にあるものは、さまざまな種類のものであって、似たものは在っても、完全に同じものはない。しかし、ものはさまざまであっても、何らかの程度に、主体にとって「善」である。あるいは、「悪」である。そしてアンセルムスは、そのように「善」と言われるのは、それらが共通のものを通して「善」だからであると言う。

ただし、アンセルムス自身は、「悪」については言及しない。

「悪」についてアンセルムスが言及しない理由は、二つの方向から説明できる。一つは、新プラトン主義では、「悪」は端的に「非存在」だからである。もう一つは、自分が使っている「ことば」を吟味する哲学においては、すでに述べたように、「真に在る」ものだけが「実在」だからである。ところで、「真である」ものは「正しい」、「正しい」ものは「良い」と、哲学が扱う主観的世界においては、それぞれ置き換えられる。じっさい、哲学は、科学のように対象化される事物を扱うのではなく、「自分」という「主体」がもつ「ことば」自体の真偽を吟味する。そして「真である」ものだけを「真理」として受け取る。したがって、この地平での「悪」は、主体にとって「真ではない」。言い換えると、哲学上の「真理ではない」。ゆえに、「真に在る」ものではない。したがって悪は「非存在」である。

じっさい、主体の行動において「悪を忌避する」ことは、「悪において生きる」ことを「拒否する」ことである。そしてそれは、「悪」を「真理ではない」と、主体がそれを拒否する（意味付ける）ことに等しい。それゆえまた、悪いものとして対象化されるものごとは、一方で、たしかに世界を対象化する地平においてなら、「客観的存在」であることは事実である。つまり「悪」は、客観的には、「存在する」。しかしながら、「主体が生きて在る地平」＝「主観的世界」においては、「真」ではないのだから、「存在」として受け取られない。つまり哲学の世界においては「悪は非存在」である。

哲学者アンセルムスは、それゆえ世界を「善」の相でのみ見渡す。そして、すべてのものを善たらしめるものと、それによって善たらしめられたものに分ける。そして前者の「それ自体を通して善であるもの」こそ、「最高の善」であることは必然的であると、結論する。さらにアンセルムスは、最高の善であるものは最高に大であるという。そしてそれゆえに、「最高に善で最高に大である一つのもの」が存在すると、結論する。同様に、「存在」の相においても、「それ自体で存在であるもの」と、自身とは別の「或るものを通して存在であるもの」を区別して、存在するすべてのものは、「一つのもの」を通して存在しているから、その一つのものは、それ自体を通して存在していると、結論する。

このように、善の概念を存在の概念よりも先だって取り上げていることから見れば、また、それ自体で善であるものと、他のものを通して善であるものを区別することにおいて、アンセルムスがプラトン哲学の流れの内にあることは明白である。そしてそれはまた、すでに触れたように、アンセルムスにおいては主体との関連で「もの」が見られていることを示している。また、すでに述べたように、主体と関連する「主観」においては、「よく在る」ことは、つねに「真実に在る」ことである。つまり「善」と「真」は、主観性においては置き換え可能である。だから、善なるものの相において存在するものだけが、真の存在であると考えている彼は、明らかに、主観的観点から「存在」を理解している。

しかしこの理解は、彼だけのものではない。アリストテレスの哲学が有力な哲学となった十三世紀のスコラ哲学においても、「存在は、一と真と善とに置き換えることが出来る」と言われた。すでに述べたことに加えて「一」があるのは、形而上学の対象として対象的存在を取り上げるアリストテレスにおいては、対象的存在は「一」から数え上げられる（枚挙される）ものだからである。つまり「存在」と「一」の交換可能の主張は、ピュタゴラス哲学を引き継いだアリストテレスの主張であり、他方、「真」と「善」の交換可能は、ソクラテスの哲学の主張を引き継ぐものである。そしてこの総合された超越概念の命題は、トマス・アクィナスによってても、ドゥンス・スコトゥスによっても認められていた。したがって、主観的観点からの「存在」理解は、プラトン的な理解の仕方であるが、アリストテレス哲学の全盛時代にあっても、中世スコラ哲学の基盤となる理解の仕方だったのである。

もしも「存在」が、客観的視点から徹底して考察されるなら、「存在には真の存在と偽の存在がある」と言われるだろう。あるいは、「存在には、善の存在と悪の存在がある」と言われるだろう。なぜなら、主体との関係をもたない存在は、いわば主体との関係が未達成なものであるから、それはいまだ主体にとって善でも、悪でも、在りうるからである。あるいは、真でも、偽でも、在りうるからである。つまり客観的観点から「存在」を考えるのなら、「存在」は、真偽や善悪に先だつ善悪無記の「存在」である。

それゆえ、もしもアンセルムスが客観的視点から「在る」を考えるのなら、そのときには「存在」は、第二次的に、善と悪、真と偽によって限定されると、考えられていたのでなければならない。そしてそうであるなら、真の存在以外に、偽の存在が考えられ、善の存在以外に悪の存在が考えられる。そして「偽りの存在」が考えられるなら、その実在が問われ、畢竟、概念と実在の区別が必要になるだろう。なぜなら、偽りの存在は「偽る心」からのみ生ずるからである。心の外の事物には、偽りは無い。逆に言えば、「偽る心」が無ければ、「偽りの存在」はありえない。ここで偽る心と呼ぶのは、偽る意識をもつ心の意味ではなく、偽りを信じてしまっている心も含まれる。つまり真実を知らない心も「偽る心」である。なぜなら、それは自分をだましている心だからである。したがって、「存在」に「真と偽がある」とすれば、それを説明するためには、偽りを生じる「心の内の存在」と、真でしかない「心の外の存在」（実在）とを、区別する必要が生じる。

ところが、アンセルムスは善の性格を内包した存在を考えるだけである。すなわち、客観的視点から考えず、主観的観点からの存在のみを、彼は考えている。それゆえアンセルムスは、心の内と外、両方の存在の区別に、事実上、関わっていない。じっさい心の内と外の存在の区別を考えるのは、アリストテレスの科学に見られるように、客観的視点であって、主観的視点ではない。それゆえ、『モノロギオン』においてアンセルムスが客観的視点に立って存在を理解していないことは明らかである。そしてそれは、アンセルムスが科学ではなく哲学の視点で存在を理解していることを意味している。

ところで、哲学を始めたのはソクラテスである。ソクラテスは、当時の社会常識（みなが正しいと思っていることがら）を問答して吟味に掛けた。社会常識とは、社会の有力者がその考え方を利用して有力者の地位を得ている価値観である。ソクラテスはそれを攻撃したのだから、ソクラテスは社会を転覆させる者だと見なされた。すなわち、新興宗教の教祖のように若者を篭絡していると見なされ、宗教裁判に掛けられて死刑になった。

社会常識とは、じつはその社会全体に通用している共同の主観的真理である。ところで、主観的真理とは、何が善で何が悪か、という真理である。客観的事物の真理ではない。すなわち、対象化した事物の理解の真偽ではない。ソクラテスが吟味したのは、人間が社会的にもっている真偽であり、正・不正である。それゆえ、『モノロギオン』のアンセルムスの証明が主観的観点からのものであることは、彼の証明が端的にソクラテスが始めた哲学の証明であることを明らかにしている。したがって、わたしたちがアンセルムスの神の存在証明に科学的真理性を求めるとしたら、それは単純な間違いである。

「神の存在」は、キリスト教社会では、社会の共通認識であり、常識である。しかしそれはけして科学的真理ではない。アンセルムスは、それを吟味に掛けた。たとえその結論が、「わたしたちの信じる神は善い神である」、「三位一体の神は、真の神である」という、教会の常識を肯定する結論であったとしても、彼は吟味はしたのであるから、まことの哲学者であった。一方でたしかに、ソクラテスは社会常識に対して否定的な結論を見せたために殺されたので、アンセルムスの運命とは対極にいる。しかし、この運命の対極性は哲学と非哲学の対極性ではない。なぜなら、ソクラテスもアンセルムスも、社会の共通認識を主観的に吟味したことでは変わらないからである。

通常社会に言われていることを、主観的に吟味するとはどういうことを言うのかと聞かれれば、たとえば、日本では、「人に迷惑をかけてはいけない」、あるいは、「言い争いになってはいけない」と言われている。しかし、その「ことば」を吟味すれば、人の世には、人に掛けてもいい迷惑と、悪い迷惑があるだけである。じっさい、「面倒見がいい」と言えば、通常、よい人を意味する。ところがそれは、人の迷惑に喜んで応じる人である。反対に、迷惑を「面倒だ」と思う人は、むしろ「冷たい人だ」と言われる。世のなかに、人に迷惑、面倒をまったく掛けずに人が生きる方法は、事実上、無い。「迷惑だ」ということばは、個人の一方的な判断に過ぎない。したがって、「迷惑だ」（迷惑をかける悪い行為だ）という「ことば」は、主観的ではあるが、他者を納得させる共通の真理ではない。それゆえ、「人に迷惑をかけてはいけない」ということばは、ほんとうは一般的真理ではない。

また、「言い争いは、問答であり、哲学である」というのが、むしろ世界の常識である。なぜならソクラテスを知る人々も、知らない人々も、「言い争うこと」を「避けて」いては、「ことばを通じさせる」ことはできないからである。ところで「ことばを通じさせずに生きる」ことは、「真理にしたがって生きることではない」。それゆえその生き方は、正しくない。むしろ悪人のほうが、自分の悪を知られたくないために、言論を避ける。

しかし、日本ではなぜこのような「正しいことが言われない」のか、と言えば、日本には

「社会常識を吟味に掛ける」哲学者が少ないからである。つまり「社会常識」とは、その社会集団のほとんどが「正しい」と思っていることである。それを吟味に掛けることは、社会の有力者と、さらに、大多数のそれにおもねる人々によって「叩かれる」ことを覚悟しなければならない。

アンセルムスは、『モノロギオン』で「善い神」の存在証明を練り上げた。「善い神」が真に存在するかどうか「明瞭でない」(今まで十分に吟味されてこなかった)状態を、正しくない状態と判断して、論じたのである。したがってアンセルムスの証明は、たしかにキリスト教社会の常識を吟味に掛けた「哲学」である。その吟味が十分ではないとしても、近代の哲学と比して、なんら劣った哲学ではない。

「善い神」の存在証明を「哲学のことば」で進めるとき、真であり、善である(良く在る)もののみが「存在」であると見なして、彼は証明をすすめている。たしかに、このような証明は、嘘偽りにまみれた現実を「客観的に認識して生きる人々」に対して、十分に納得が得られる証明ではない。なぜなら、すでに述べたように、証明の前提が異なるからである。アンセルムスの証明は、哲学の証明であり、なおかつ、証明が真であることを納得してもらう相手は、嘘偽りのない、互いに誠実でなければならないことを誓っている修道士だけであった。

すなわち、アンセルムスの証明は、聖書と教会を信じることを前提にして、信仰内容を吟味する哲学である。その意味で、彼の神学が「修道院神学」と呼ばれることは、まことにふさわしいだろう。*11

じっさい、アンセルムスの証明は、主観的（わたしの）「信仰内容」の真理（真で在ること）の証明である。つまりその真理性を主観的に確証している証明である。

しかしながら、主観的観点をとれば、アンセルムスの証明に疑問が起きないということではない。むしろ、「神の存在」は、主観的真理の地平で（すなわち、哲学において）、はたして存在を証明しなければならないものか、疑問がある。なぜなら、「神」は、主観的に「真理」と置き換え可能だからである。たしかに、3人称として客観化された「神」は、その理解のうちに他者の嘘が混じる可能性をもつ。それゆえ、その「神」は「真理」と置き換え可能でない。しかしながら、自分が信ずる「神」は、2人称の神である。したがって、神を信ずることは、それが「真理」であることを信じることであるから、「神」と「真理」は置き換え可能である。したがって、主観的立場では、神は存在するか、という問題は、真理は存在するか、という問題に置き換えることができる。

しかしながら、証明は、つねに真理にしたがって明らかにしなければ成り立たない。それゆえ、証明はつねに真理を前提にしている。そしてそうであるなら、真理である神の存在の真理を証明することは、屋上屋を重ねていると言える。なぜなら、それは「真である」ものが「真である」と言うに等しいからである。主観的に、真理が真理であることを証明する必要が無いことは、自明であろう。すなわち、神の存在を神とは別のことがらから証明することは、神が客観的存在であるという視点を前提にしなければ、まったく無意味である。

じっさい、神が客体化（対象化）され、主体から切り離されたとき、そのときはじめて神は、神以外のあらゆる存在とは切り離されて別のもの（独立したもの）となる。そしてそうなったとき、ほかのものではなく、主体との関係（信仰）から切り離された「神」（3人称）が、真に存在するかどうかが、はじめて客観的に問われる。しかし、他方で、「善である」ことは、主体との関係がなければ実体がない。それゆえ、「善である」ことによる証明は、主観的でなければ成り立たない。

ところで、人は「神を信ずる」ことにおいて、神の存在がすでにその人の主体（わたし）と或る意味で一致していなければならない。もしも一致していると信じていないなら、真に「信じている」ことにならない。つまりその時には、神の存在に疑いが混じっている。それゆえ、「神を信じる」が真であるなら、神の存在は自己の存在と一致していると信じられている。それゆえ、神の存在を証明することは、自己の存在を証明することに等しい。しかしながら、哲学は自己の存在を「証明する」ことを仕事にするものではない。ソクラテスの理解に従えば、哲学は「自己の存在に気づく」ことを仕事にするだけである。

その意味で、哲学は自己の存在に気づくために、それを問う学問である。ところで、神を信じることは、自己が神と背反せず、一致していると信じることである。それゆえ、信じることを超えて神の存在を問うものは、実質、自己の存在を問うている。それゆえ、その意味では、つまり神の存在に気づくために神の存在を「問う」ことは、自己の存在に気づくために自己の存在を問うことである。したがって、神の存在を問うことは、自己の存在に気づくことだから、それ自体は、哲学的に正しい作業である。

しかし、神の存在に関して、それを客観的な3人称の存在と想定して問うことは、すでに述べたように、神の存在を自己の主体から切り離して、問うことである。ところで、自己の主体から切り離すことは、神との信ずる関係を切ることである。それゆえ、そのときは、自己の存在は神の存在と一致していない。背反もしていないが、無関係になっている。なぜなら、「信仰」の関係が失われているからである。たしかにそうであることによって、証明は科学的「存在の証明」という形を取ることができる。しかしそれは主体を問う哲学の証明としては、間違いである。なぜなら、自分が信ずる神の主観的真理は、主観的である間だけ真理なのだから、客観的に、すなわち、科学的に証明される真理ではないからである。

10 『プロスロギオン』の神の存在証明

数年後、アンセルムスは『プロスロギオン』を書いた。今度は、彼は神の存在証明を善の概念から始めない。アンセルムスは、自分がもっている（信じている）神理解（神の定義）から始める。すなわち、神は「それより大なるものが考えられない何かである」。そしてつぎに、神の存在を疑う心を対峙させる。すなわち、「あるいは、そのような本性は、存在しないのだろうか」という疑問が提示される。

アンセルムスは、「神は」で始まる先の文の「何か」を、「そのような本性」に置き換えている。しかし、「本性」というものは、「抽象されたもの」である。その意味で、「対象化されたもの」である。したがって、この時点ではっきりとアンセルムスは神を「対象化」して、主観から切り離している。じっさい、「本性」natura は、自然を対象にすることが多かったアリストテレスが多用する用語である。「本質」essentia と同じと考えていい。

そして先の疑念に応えるように、つぎのように言う。「しかし、疑うものも、わたしの神理解の内容を聞いて、その内容を理解することはできる」。なぜなら、「ことば」は、すでに述べたように、発言者と聞く者の間で「共有されるもの」だからである。このように、『プロスロギオン』は、存在への疑問を差し挟むことによって、『モノロギオン』とは異なり、対話的に進行する。

アンセルムスは、他者との対話（問答）を意識して、「ものごとの内容」の理解と、それが「存在している」という理解を、区別する。じっさい、この二つに区別があるから、「存在を疑う」ことが起きる。しかしアンセルムスは、この区別を、画家が、自分が描く絵の構想をもっているだけのときと、描き上げたときとの違いで説明する。すなわち、構想をもつだけのときは、絵の「内容」の理解があるだけで、絵が「存在している」という理解はない。他方、描き上げたときは、絵を見ている画家には、「内容」の理解と「存在している」という理解の両方がある。

このアンセルムスが挙げている区別の例は、「内容の理解」が先に在って、つぎに、その内容が「存在する」という進み方を示している。つまり絵の構想があって、続けて、絵が実際に描かれる、という進行である。この進行は、じつに素直な進行である。しかしアンセルムスは、絵の構想があっても、描かれない、あるいは、上手く描けなかった、という進行事例は出していない。

後者の事例だと、「心の中に」在るが、「心の外に」は構想通りの絵は実在しないのであるから、「概念」と、「心の外の実在」との間に一致がない。この状態は、「実在」（外）から見れば、心の中の存在は「間違い」であり、「偽り」である。またこの事例が絵画であることから言えば、心の中で構想されたものに、実現されるべき「美」がなかったと言える。言い換えれば、心の中に在ったものが「醜」であった。あるいは、心の中には「美」が在ったが、心の外には「醜」が在って、一致（真理）がないと言える。つまりもしも、構想が実現しない事例を出すなら、「偽りの存在」、「醜い存在」、あるいは「偽」が考えられなければならない。ところが、アンセルムスは、証明のなかでそのような進行は考えていない。

すなわち、絵の構想があって、絵がじっさいに巧く描かれたときのみを、アンセルムスは考えている。ところで、構想がそのまま実現するなら、構想は実在と一致するのだから、「真」である。つまりアンセルムスは、構想が「真になる」事例、すなわち、「外界と一致する」事例だけを、「概念と実在」の区別の例として出している。

したがって、アンセルムスは、「概念」（考えられるもの）と「実在」（心の外に存在するもの）を区別しているが、この『プロスロギオン』においても、概念が偽となる場合（概念が実在と一致しない場合）は仮定されていない。ところで、存在の客観性を追及する人間は、自分がとらえる対象について真偽の両方を可能性として考える。なぜなら、すでに述べたように、「主観を切り離して生まれる客観」には、真偽のいずれに対しても「中立的な存在」しか生じないからである。そして「存在」が中立的なら、「真偽のいずれも」が同等に考えられる。しかし、アンセルムスはそのように考えていないのである。したがって『プロスロギオン』の証明も、神の存在の「客観的証明」を求める人間を満足させない。

したがってアンセルムスにおいては、主観から離れた「存在」、つまり善の相をもたない「存在」は考えられていない。しかし、それが「真実の存在だ」というのがアンセルムスの理解である。したがってこの『プロスロギオン』においても、彼の神の存在証明は、そういう前提をもって進められている。

ところで、アンセルムスは続いて次のように証明を進める。すなわち、絵の場合とは異なり、

「それより大なるものは考えられないもの」という理解は、その理解自体が理解の内にとどまらないと主張する。というのも、心の内の概念だけよりも、心の外にも実在するもののほうが「大である」から、と言う。絵の例で言えば、構想だけの存在よりも、構想があり、なおかつ、絵がある、という両方の存在がそろっているほうが、一方は、一方の存在だけだが、他方は、両方の存在を含むのであるから、「より大」であると言う。つまり「概念」だけより、「概念と実在」のほうが、より大きい存在だと言う。

今、概念存在をA、その実在存在をBと記号表記すれば、A＜(A＋B) である。したがって、そうであるなら、「より大なものが考えられないもの」は、概念と実在の両方がそろっている側（A＋B）にしかありえない。そちらのほうが、一方だけの存在「より大」だからである。

したがって、神は存在すると、アンセルムスは結論する。

しかし、このアンセルムスの証明には二つの問題がある。一つは、概念存在と実在存在は足したり引いたりできるものなのか、という疑問である。たしかに、両方とも性格が異なるとはいえ、共通に「存在」であると言える。そしてプラトン哲学は、ピュタゴラスの数学（計算と比例）的推論を取り入れているので、共通の存在があるところでは（もしも単位となる「一」が同じであるなら）、存在を足したり引いたりすることは、かならずしも間違いだとは言えない。

もう一つの疑問は、アンセルムスが神の概念として示したものが、ローマのストア哲学者セネカの『自然論』にあることから、この証明が隠している問題が見えてくる。すなわち、ストア哲学者セネカにとっては、宇宙の全体が「神」である。ストア哲学は身体性と精神性の二元論をとらないからである。ところで、宇宙は「より大なものは考えられないもの」であることと、「現実に存在している」ことの両方が、わたしたちに自明である。すなわち、眼前に広がる宇宙はそれ以上大きなものを、じっさいに考えることができないものであり、なおかつ、それが存在していることは、わたしたちの目に明らかだからである。したがって、セネカの場合には、神は、宇宙の存在と一致して自明である。したがって、概念（考えられるもの）から神の実在を、わざわざ証明する必要がない。

したがってアンセルムスが神については存在の証明が必要だと考えたのは、彼が神は宇宙とは別の存在だと、考えていたからである。しかも、宇宙と比べてより大であると考えている。しかし、客観的視点からすれば、わたしたちは宇宙の一部に過ぎない。ところで、宇宙より大なものは、宇宙の一部に過ぎないわたしたちに構想できるのか？　宇宙の中の一部に過ぎないわたしたちは、宇宙の際を超えたものを見出すことは事実上できそうにない。しかしそうであるなら、その存在はどうしたら確認できるのか？　真偽が経験的に確認できないとすれば、その証明は客観的に（科学的に）有効な証明なのか？

アンセルムスの証明の巧みさは認めることができても、このように、客観的視点からは疑問が残る。じっさい彼がまず『モノロギオン』によって証明したのは、キリスト教会の神は主観的に（わたしにとって）「真で在る」ことだった。そして主観的に（わたしにとって）「善で在る」ことだった。したがって、その神は、だれであれ（この意味では普遍的に）、「わたしが信じて善い神である」ことだった。

さらに『プロスロギオン』で彼が証明したことは、その神は、「客観的存在である」と、「わたしが信じてよい」ということであった。つまり神は、だれにとっても客観的存在だということではなく、神を信じている「わたし」にとって、つまり神を信じる主観において、「客観的存在だと言ってよい」ということに過ぎない。しかしこれだと、信じていない人にとっては「客観的真」と言えない。

ただし、言うまでもなく、歴史的事実としては、彼の主観的証明は、一定の評価を受けている。すなわち、信仰の砦としての修道院を基盤に、真であると受け入れられている。たしかに、このような場合、専門家による意見の食い違いをどのように受け止めればいいか困惑する読者がいるかもしれない。しかし、それは科学と哲学の違いが、まだよく分かっていないせいである。人間が自ら正しく生きるために知らなければならない真理を見出すために哲学はある。他方、3人称の事物的真理を正しく見出すために科学がある。言うまでもなく、科学の価値しか認めない人は、アンセルムスの証明を認めない。他方、哲学の価値を認める人は、アンセルムスの証明から、生きていくために気を付けなければならない多くのことがらを真理として学ぶ。じっさい、哲学には専門家の答えを学べば済むという科学の常識は通用しない。素人であろうと、自分で考えなければ何も得られないのが、哲学である。

11 アリストテレスの『自然学』と『形而上学』の流入

すでに述べたように、アンセルムスとアベラールの時代、アリストテレスは古代末期のボエティウスの翻訳を通じて、『範疇論』、『命題論』のみがポルフェリオスの注釈書をまじえて知られていた。しかし、あくまでもそれだけであった。『自然学』や『形而上学』は知られていなかった。とはいえ、すでに述べたように、それが「普遍論争」を巻き起こした。そして普遍論争が、ヨーロッパの若者に、教会や国王に気兼ねせずに「自由に論じる」ことができる「哲学」を教えたことも、すでに述べた。そしてそれが哲学の問題としては巧みな似非問題であることも、述べた。

では、プラトンその他のギリシアの哲学は、修道院時代の当時、そこで学ぶ人たちによく知られていたのか、と言えば、言うまでもなく、かなり限定的であった。キケロ（紀元前一〇六年～四三年）は、暗殺されたシーザーと対立した政治家であったが、同時に、有力な弁論家であり、修辞家であった。そのキケロは、各種の入門的著作をラテン語で書いていた。後にアウグスティヌスは、彼の作品からプラトン哲学を学んだ。またキケロは、ストア派の哲学者が唱える神々の本性についても、簡略に紹介するような著作を残していた。

とはいえ、実質、それだけであった。アリストテレスのみならず、プラトン自身の著作も、著作自体のラテン語訳は、ほとんど北西ヨーロッパ圏には伝わっていなかった。『ソクラテスの弁明』など、プラトンの著作が北西ヨーロッパ圏に流入するのは、十五世紀になって、東ローマ帝国がオスマン・トルコに征服されたことによってはじめて起きたことである。すなわち、そのとき逃げ出した学者がプラトンのギリシア語著作をヨーロッパに持ち込んだのである。つまり北西ヨーロッパの学者がプラトンの著作自体を読むようになったのは、近代に入ってからである。したがって、ヨーロッパにおける本格的なプラトン研究の歴史は、意外に浅い。

それに対して、アリストテレスについては、『範疇論』と『命題論』以外の著作を含めて、言い換えれば、ほぼ全体がラテン語に訳されたのは十二世紀末から十三世紀はじめにかけてであった。最初はアラビア語からの重訳、その後はギリシア語からの直訳であった。しかし、なかでもヨーロッパの知的世界に大きな影響を与えたのは、彼の『自然学』と『形而上学』であった。

じつはアリストテレスの著作は数奇な運命をたどる。じっさい古代のうち、キリスト教会の正統教説が固まらない頃、異端とされた一派のなかに、医学の祖ガレノスやアリストテレスの作品をたずさえて西アジア（シリア近辺）に逃げた医学者たちが居た。そこが後にイスラム帝国に呑み込まれた結果、その後、ガレノスやアリストテレスの作品はアラブの哲学者によって研究されることになった。十世紀のアヴィセンナと十二世紀のアヴェロエスが有名である。アラビア語で書かれたそのアリストテレス註釈は、十三世紀にはラテン語に翻訳され、北西ヨーロッパがアリストテレスを理解するときに大きな助けとなった。

そしてヨーロッパ側では、アルベルトゥス・マグヌス（一二〇〇年頃〜一二八〇年）が、新たにヨーロッパに持ち込まれたアリストテレスを、一二二〇年頃にイタリアで知ったことが、その後の「スコラ哲学」を大きく変えた。同四五年に彼はパリ大学で学位を取り、四八年までパリ大学で神学部教授を務めた。その年、弟子のトマス・アクィナス（一二二五年〜一二七五年）とともに、ドイツのケルンにドミニコ会の神学研究所（studium generale）を設置して、そこでアリストテレスと偽ディオニシオスの作品を特別に研究し、弟子を育てた。

じつはアルベルトゥスのこのはたらきによって、アリストテレスの哲学と偽ディオニシオスの思想は、本格的に大学の哲学部、神学部において研究された。十三世紀の半ばとなれば、すでにパリ大学の哲学部ではアリストテレスの評判は高く、多くの若者がアリストテレスを学んでいたが、アルベルトゥスほど集中してアリストテレスを研究するものは居なかったようである。そういう時期にトマス・アクィナスは、アルベルトゥスから学んだアリストテレスの哲学を土台にして、神学体系を大学の講義を通じて独自に形成し、『神学大全』を書いた。

ところで、カトリックの神学は、「アウグスティヌスの護教哲学」が土台である。それは人間の弱さを痛感しつつ神を求める哲学であった。アウグスティヌスは、若い頃は修辞学者を目指していた。それゆえ、雄弁家で知られるキケロの作品を通じて、哲学の問答を学んでいた。キケロは、アテネにプラトンが開いたアカデメイアで哲学を学んでいたから、アウグスティヌスはキケロを通じて伝統的な哲学（問答の哲学）を学んでいたと言える。そしてアウグスティヌスは、キケロから哲学を学んだあとになって、カトリックの信仰をもった人間であった。信仰から哲学に入った人間ではない。それゆえアウグスティヌスは、生活経験に根拠を置きながら考察を深める哲学の流儀は、よく知っていた。

しかしアウグスティヌスは、神と天使と人間については研究したが、アリストテレスを知る機会をもたなかった。そのため、自然物を研究する視点はもっていなかった。十三世紀になって知られるようになったアリストテレスは、その欠陥を埋める学者だった。アリストテレスの諸学は、人々が日常的に接するあらゆることに及んでいた。明治期に日本が知った近代科学の衝撃と同じような衝撃が、文明圏に入ったばかりの北西ヨーロッパの若者の心を襲っていたと推測できる。それゆえアリストテレスを知ったトマスは、アリストテレスによる被造物（自然）の説明を抜きにしては、もはや神学を作ることはできないと思ったに違いない。それゆえトマスは、アリストテレスの主張をほとんど受け入れて、それにもとづいた神学をつくった。ただ、天使の堕落など、アリストテレスが知り得ないことがらは、アウグスティヌスの説明を参考にした。

こうしてトマス・アクィナスはアリストテレスを取り入れることによって、地上の人間生活の範囲に限られた医学や法律などの学問を下位に置き、明確に神の存在と結びつける上位の学問として、形而上学と結びついた「神学」を、大学において教えることができる壮大な体系を示すことができた。

12　アリストテレス哲学にもとづく神の存在

ところで、トマスが学んだアリストテレスの『自然学』と『形而上学』の視点は、存在における「運動」の視点と、「原因と結果の連鎖」の視点である。

ヨーロッパの言語では、本来、「存在」すなわち「在る」は、静止状態を表すのではなく、運動状態を表している。英語でも"Be"は、典型的な「動詞」である。したがって、何であれ「ものが在る」とき、それは何らかの「運動状態にある」と認識される。そのためにアリストテレスは、「自然学」において、もっぱら事物の「運動」を研究している。日本人は「自然」と言えば静止的な「植物のようす」を土台に考えがちである。それに対してギリシア語で自然を見ていたアリストテレスは、「自然」と言えば「運動状態にある事物」を考えた。

この違いは、「言語」による違いである。人間は、通常、自分が習った言語でものを考える。わたしたちは、人間に共通な感覚をもとにして人間はものを考えるから、翻訳すれば、異なる言語をもつ人と、同じことを考えることができると思いがちである。しかし、じつは案外に、人間は、人間に共通の感覚によってではなく、社会によって異なる言語文化によって、それぞれ違った仕方でものを考えている。

すでに述べたように、ギリシア語で「ことば」は「ロゴス」と言うが、「ロゴス」は、また「理性」を意味する。「理性」は、ことばでものを考える能力だからである。またラテン語では、「ことば」は「ウェルブム」verbumと言うが、それはまた「動詞」を意味する。それゆえ、ヨーロッパの言語の基本は「動詞」であって「名詞」ではない。

日本語の基本は名詞なので、文の中で動詞はむしろ付け足しのように扱われる。「ある」も、名詞をつなぐ役割（繋辞）しか認められないことが多い。それに対してヨーロッパの言語では、動詞の典型である「在る」は、動詞をことばの中心と見なす言語の基本であり、それがヨーロッパの理性がはたらく土台であった。それゆえ、たとえばアリストテレスの十個の「範疇」は、実際には、さまざまな「在る」を類別している。それに対して日本語の基本語は、静止状態を示す「名詞」であるために、日本人のわたしたちに「範疇」という訳語が示されると、わたしたちにはそれは「ものの多様な静止状態の類別」に見えてしまう。しかし、じつは「範疇」とは、「述べる」という動詞から生まれた「動的な名詞」で、本来、「ものの多様な運動状態の類別」なのである。

　アリストテレスはそういう言語で自らの理性をはたらかせていたので、ごく自然に、自然的事物について、その「運動」を研究した。日本語で自然学が構想されたなら、自然学は多様な自然物を収集する「博物学」になっていただろう。それに対して、ヨーロッパの言語においては、「自然物」とは「運動するもの」であったから、近代に至って自然科学が「運動」を研究することは、なんら疑問とされなかった。それゆえにアリストテレスの「自然学」は、近代に運動法則を研究する「物理学」へと、ごく自然に受け継がれたのである。

　さて、事物の運動は、アリストテレスでは、或るものが他のものに接触してそれを動かすことを基本としている。このとき、「或るもの」が動かす〈原因〉であり、「他のものの運動」がその〈結果〉である。そして動かされたものが、また他のものを動かせば、結果が次の結果の原因となる。すでに「存在」は「動詞」であると述べた。したがって、存在するものはすべて何らかの仕方で動いている。それゆえ、運動の原因と結果は、すべての存在にわたって連なっていると見ることができる。

　ところで、アリストテレスは四つの原因を数え上げた。形相と質料と、作出因（起動因）と目的因である。形相は、ものの本質的在り方を形成する原因であり、質料は形相によって形を与えられる素材となる原因である。作出因（起動因）はその運動を引き起こす原因であり、目的因は、諸原因がそれをもとめる（諸原因を引き寄せる）存在である。

さて、トマス・アクィナスは、運動の原因（起動因）と作出因を分け、この原因の系列を逆にたどって第一原因の存在が証明できると見なした。つまり運動を引き起こすものがなければ、現に事物が運動していることが説明できない。ところで、運動は、動かすものが、他のものを動かすことによって生じている。杖で他のものを突き動かすようすが典型である。したがって、運動をさかのぼるなら、最初の運動を与える第一原因に達する。そしてこの第一原因は、「神」なのだと言う。じっさい、第一原因は、諸原因のうちでも、そもそもの始まりであるから、「始原」ないし「原理」principium と一致する。ところで「神」とは、キリスト教会の教えによれば、世界を創造したものである。それゆえ、それは世界の存在の始原であり、原理である。

これがトマス・アクィナスの第一の神の存在証明である。

他方、作出因というのは、「結果」を引き起こす原因の意味で言われる。太陽の光が種子から植物を発生させ、育てて、実を結ばせる。このとき、太陽の光は作出因である。人間が家を建てれば、そのとき人間は家の作出因である。そして作出因も、その原因をたどれば、中間を通って最初の作出因に至る。人間は人間を作出した（産出した）。しかし最初の人間を産出したのは、人間ではない。そしてその作出因が無ければ、のちの結果はすべて無かったはずである。それゆえ、作出因に関しても第一原因が無ければならない。ところで、それは神である。

これがトマスの第二の神の存在証明である。

また、在ることも無いこともあるものが在り、他方に、必ず在ると言えるものがある。植物や動物のように、あるいは、日々の天候のように、地上で生成消滅するものは、無いこともありうる。他方、大地のほうは、つねに在る。もしもすべてが在ることも無いこともあるものであったなら、何も無かったことがありえる。そしてそうであるなら、無いものからは在るものは生じないから、今も、何も無いだろう。したがって、つねに（必然的に）在るものがあり、その必然的なものが、やはり何かの結果であるなら、原因の系列をさかのぼって第一の必然的なものが無ければならない。この第一の必然的なものが神であると言う。

これがトマスの第三の神の存在証明である。

またすべてのものの性質には、より大（多）、より小（少）の程度の差があり、アリストテレスによれば、或る完全性の最大のものが、その完全性の性質の第一原因である。たとえば、もっとも熱い火は、その他の熱いものの熱さの原因である。同様に、最大に善であるものは、その他の善の善性の原因である。そして最大に存在であるものは、その他の存在の原因である。それゆえ、最大の善であるものが第一原因として無ければ、それ以下のものはない。

これがトマスの第四の神の存在証明である。

そして最後に、第五に、自然物体のはたらきにも、目的をもつはたらきが見られる。すなわち、偶然的にではなく意図的に目的に向かってはたらく様子が見られる。しかしそれらは認識をもたない。それゆえ、それらは認識をもつものによる指示によって、目的に向かってはたらいていると見なければならない。全自然に対してそのような指示をしているものは、神だと考えられる。それゆえ、神は存在する。

最後の証明は、目的因による証明だと言える。ところで、各々の事物が統一的に目的に向かうとすれば、その目的の認識が必要になる。なぜなら、事物の目的は、当の事物自身ではなく、事物から離れたものに違いないからである。ところが、多くの自然的事物には認識能力がない。それゆえ目的因がはたらくためには、事物とは別に目的を認識するものがあって、それが事物をはたから目的に向けて動かすのでなければならない。それゆえそれは、目的を認識できるものでなければならないうえに、事物を目的に向けて動かすことができるものでなければならない。したがって、この証明は、ものがもつ目的因性だけでなく、それを認識する能力と、目的に向かうことを事物に指示する（命令する）能力が、第一のものに在ることを含んでいる。ところで、それは総合的な「統治」gubernatio 能力だと言うことができる。

この、世界の全体が神に統治されている、という見方は、背景に偽ディオニシオスが『天上階梯論』に書いた世界の秩序、すなわち、神を頂点としながら、諸天使の階梯と、諸天使の階梯にもとづく教会秩序（司祭たちの階級）の在り様がある。すなわち、「律法は万物の超存在的な秩序の根源によって、単に上位の知性と下位の知性についてだけではなく、同じ階級の知性においても、それぞれの階梯ごとに第一と、中間と、最後の諸階級、諸力が存在するように定められたのであり、また、下位の者たちに対して神への接近、神からの照明、神との交わりのためのより神に近い教示者と導き手が存在するように定められた」[*12]と、ディオニシオスは言っている。

トマスがその下で学んだアルベルトゥス・マグヌスは、アリストテレスの研究とともに、この偽ディオニシオスの研究をしていた。それゆえケルンの研究所において弟子を育てたアルベルトゥスは、十三世紀ヨーロッパにおけるアリストテレス研究と偽ディオニシオス研究の両方で、トマスの神の存在証明に見られる通り、きわめて大きな影響を与えたと言える。じっさい、十三世紀に生まれた修道会として、ドミニコ会とフランシスコ会がある。そしてこの二つの修道会から十三世紀に優秀な神学者が現れるのであるが、アルベルトゥスの研究は、ドミニコ会の神学者トマスだけでなく、どうやらフランシスコ会の神学者も育てたと見られる。

13　フランシスコ会の博士ドゥンス・スコトゥス

スコットランドに生まれたドゥンス・スコトゥスは、幼くして聖者フランシスコの修道会に預けられた。生年は一二六五年と推定されている。一二七五年にトマスが亡くなる十年前であるが、スコトゥスが主著を書いたのは、彼自身が亡くなる前の十年、三十台後半から四十台前半に至る一二九八年から一三〇八年と推定されるので、トマスとはひと世代の時間をはさんだ時期の神学者である。

フランシスコ会の伝統は、アウグスティヌスとその精神を引き継いだアンセルムスの哲学である。しかし、フランシスコ会といえども、十三世紀にアリストテレスの哲学を無視することはできなかった。ところがフランシスコ会には、アリストテレスの形而上学をアルベルトゥスのように研究するすぐれた学者が居なかった。そのためか、ドゥンス・スコトゥスの「形而上学」理解は、かなりの程度ケルンに居たアルベルトゥス、あるいは、その弟子ディートリヒ（一二五〇年頃～一三一八年頃）の研究に負っている。さらに偽ディオニシオスに関しても、スコトゥスは一二五〇年頃のアルベルトゥスの註解を通じてそれを学んでいたと思われる。

たしかにトマス・アクィナスと同時期に、フランシスコ会にはボナヴェントゥラが居た。彼もパリ大学で神学教授を務めた。ボナヴェントゥラも命題集を註解している。そしてそこでは、アリストテレスも援用されている。同じフランシスコ会ということで、スコトゥスは先輩格であるボナヴェントゥラの神学にならっていると、一般に臆測されがちである。ところが、事実は異なる。

たとえば、スコトゥスは自分が書いた「命題集註解」に、「オルディナチオ」Ordinatioという独自の名をつけている。そのことばは「秩序づける」ことを意味する。これはまさに偽ディオニシオスが示した「世界の秩序」を背景とした名称だと言える。じっさい天使たちは「神の軍団」と言われている。神の「命令」（オルド）によって動く。地上の教会は、天使が秩序をもつことにならって、「秩序」(オルド)を守りつつ、神の国のためにはたらく。教皇が神の代理なら、聖職者、ならびに修道士は、天使の代理である。こうして世界は、天使と、地上の教会のはたらきのもとで、秩序を得て存在している。このような思想背景のもとに、スコトゥスは自分の主著に「オルディナチオ」という名を付けたと思われる。

またスコトゥスは、神の存在を、トマスと同様に、アリストテレス的な原因の系列を基盤にして証明しているのであるが、神の存在証明を主題とした『第一原理について』という著作の内で、四原因の系列をつぎのように整理している。すなわち、質料は形相の規定によってその本質が決まるのであるが、質料に形相を結びつけるのは作出因である。つまり作出因のもとで形相と質料の複合が起こる。

しかし、目的因は作出因がつくるのではない。したがって作出因と目的因は、それぞれ別の原因の系列をつくっている。すなわち、作出因は「依存」dependens の本質的秩序であり、目的因は「卓越」eminens の本質的秩序である。なぜなら目的因以外の原因は、先なる原因に後なる原因が依存するが、目的となるとは、依存することや依存を受けることではなく、卓越することだからである。しかし作出因は目的因を目指して作出する。それゆえにまた、第一の作出因と第一の目的因はいずれも第一原因である。そして第一の作出因以上に卓越した原因はないのであるから、第一の作出因は第一の目的因と一致する。また、原因には偶然的原因と本質的原因があり、本質的原因の系列のみに必然性がある。それゆえ、この本質的作出因の系列をたどって第一原因にさかのぼるとき、第一原因が存在しなければ第二原因以下は存在しないことが必然である。ところで、結果として世界が現に存在している。それゆえに、第一原因は存在していなければならないと、スコトゥスによって神の存在が証明される。

この原因の系列に似た考えを、ケルンのディートリヒがもっていた。すなわち、ディートリヒは、「質料は、質料自身を存在に結合する形相の秩序の下に位置し、他方、形相それ自体を存在に導き入れる作出者の秩序の下に位置し、他方、作出者は、作出するものを動かす目的の秩序の下に位置している」(『天体生命論』*13)と、本質的原因の秩序について述べている。たしかにスコトゥスの考えと同じではない。しかし、それでもアリストテレスの挙げた四原因について、それをそのまま受け取るのではなく、その間の関係を、ディートリヒはあらたに総合的に分析している。

じっさいスコトゥスは別の説明をしているが、それでも、スコトゥスの分析は総合的なもので、まだ若いスコトゥスが何の先行的分析もなしにこれを行ったとは思えない内容である。しかし、もしも彼がディートリヒの研究を知っていたうえでなら、納得がゆく。

しかも、ディートリヒとともにケルンの研究所で学んでいたマイスター・エックハルト(一二六〇年頃〜一三二八年頃)は、パリ大学神学部に教授として二度派遣されているが、最初の派遣期間(一三〇二〜三年)のとき、パリ大学で三回の公開討論が行われ、討論相手は当時フランシスコ会からパリ大学に派遣されていた神学教授ゴンザルウス・ヒスパヌスであった。そしてこのときスコトゥスは、ヒスパヌスの下で神学を研究していたのである。

おそらくスコトゥスは、エックハルトとの討論の際にもヒスパヌスの助手となったと推測されている。というのも、その後スコトゥスは、ヒスパヌスの推薦によってパリ大学で神学教授を務めているからである。

そしてスコトゥスはパリ大学神学部の教授期間を終えたあと、古巣のオックスフォードには戻らずに、ケルンのフランシスコ会の神学研究所に向かった。

残念ながらスコトゥスは、一三〇七年ケルンに着いた翌年一三〇八年十一月に死去してしまった。しかし、神学者としてはまだ若かったスコトゥスが、オックスフォードではなくケルンに向かったのは、ケルンのドミニコ会研究所（アルベルトゥス学派）との論争を通じて自身の神学をさらに発展させようとしたからだと見るなら、彼の行動はじつに納得のゆく行動である。

たしかにスコトゥスは、存在の一義性を主張して、類比説を主張していたアルベルトゥス学派とは鋭く対立した。しかしスコトゥスは、存在の一義性の証明の根拠の有力な一つとして「否定は特定のことがらの肯定を前提している」のでなければその否定も無意味になる、つまり「ただの無」は全くの無意味であると、言っている。この主張から分かることは、スコトゥスは、偽ディオニシウスの「否定神学」と対立していることである。それに対してアルベルトゥスに学んだトマス・アクィナスは、「否定神学」に対しては、肯定的である。彼の主著『神学大全』で偽ディオニシオスの主張を、自身の主張の根拠として引いている。

ところが、むしろスコトゥスと同じ論が、アルベルトゥスの『偽ディオニシオス「神秘神学」註釈』にある。「すべての否定はなんらかの肯定にもとづくからである。そこで、たとえ神においては肯定よりも否定のほうが真であるとしても、真の肯定がないところには真の否定もないであろう」[*14]と、アルベルトゥスは言っている。つまりアルベルトゥスは、スコトゥスと同じく、「否定神学」には否定的であった。

さらに、エックハルトは、範疇を超える超越概念として「存在」、「一」、「真」、「善」の四つを数えるが、これはスコトゥスも同じである。それに対して二世代前のトマスの場合、彼もアルベルトゥスに学んでいるが、「存在」、「一」、「真」、「善」に加えて、「事物」、「或るもの」を超越概念と呼び、都合六つ数えている。

したがってスコトゥスは、実践哲学の側面ではフランシスコ会の伝統に忠実であるけれど、アリストテレスの理論哲学に関しては、エックハルトと同時代のアルベルトゥス学派の研究に、トマス以上に学んでいたと推測できる。[*15]

14 存在の類比説と一義説

トマスは存在の類比説を唱えた。それに対してスコトゥスは一義説を唱えた。哲学史では有名な対立である。ところで、存在の類比説と一義説を説明するためには、「存在」という「ヨーロッパ語」を説明しなければならない。ヨーロッパには、たしかに現在、いくつもの国別の言語があるが、中世はラテン語が共通言語である。それゆえ、わたしたちが知らなければならないのは、ラテン語の「存在」とは何か、である。

すでに述べたように、「存在」は、ラテン語では、基本的に「動詞」である。日本語に置き直せば「在る」である。しかし日本語の「在る」は、「在った」、「在る」と過去形、現在形などの時制による変化と、もう一つ、文面には表しにくいが、命令、受け身、丁寧さなど、発言者が相手に対して異なる態勢にあることを示す語調の変化と、この二種類の変化を受けるくらいがせいぜいである。

それに対してラテン語では、「在る」は、時制の違いはもちろんのこと、命令法、能動形、受動形、仮定法、何らかの発言者の意図を意味する接続法があって、それぞれ明確に「在る」という動詞の語の面《つら》が変わる（語尾の活用が違う）。しかも、主語の1人称、2人称、3人称、それぞれで、特に「存在」の語は大きく変化し、単数、複数でも「存在」の語は、変化する。

それゆえ、辞書の後ろについている膨大な動詞の活用変化表は、学習者には不可欠である。

したがって、ラテン語の「存在」がもっているこの多様さを、一様に「存在」と日本語に訳すとき、分かりにくさが生じるのは当然である。つまり「存在」とは何か、という問いがヨーロッパで成立するのは、それが意味するものが、本来、きわめて多様だからである。ラテン語、ギリシア語では、「存在」は多様であるから、それがじっさいに「どれだけ異なる意味をもつ」か、問われる。しかし日本語では、「在る」は、どう見ても「在る」でしかない。一つの意味しかもたない語については、本来「知っている」か「知らないか」の違いしかなく、どのような意味かを問うことはナンセンスである。したがって、ヨーロッパにある「存在」の多様な理解は、日本語にはない。

じっさい、ラテン語の「在る」は、人称など、主語が異なると大きく変化するので、たとえ語としての変化がなくとも、主語が生物か無生物かの違いによっても、「在る」の意味は実際に異なって受け取られる。すなわち、生物が「在る」とき、それは「生きて在る」という意味で「在る」と言われる。それに対して、物体が「在る」とき、それは「ただ在る」という意味で「在る」が受け取られる。それゆえ、中世では、人間存在、天使存在、神存在は、どの「存在」も、「ただの在る」ではなく、具体的に人間、天使、神が、それぞれの仕方で「生きて在る」ことを意味している。

それゆえ同じ言語構造をもつ現代ヨーロッパの実存主義においても、「実存」の語は、物体のもつ「ただの在る」を意味するのではなく、特別に、人間や神が「生きて在る」ことを意味する。そして現代の実存主義の寄る辺なさの原因は、人間が「生きて在る」状態に根拠のない「不安」を見るからである。

言語は、特定の社会がその社会内部で共有しているものである。そして言語は、特定のイメージを人々の間で共有するはたらきをしている。したがって言語の構造が異なると、それに応じてイメージの共有がむずかしくなる。なぜなら、「言語の構造」が異なるとき、「理性の構造」が異なるからである。日本語は「名詞」を基盤にしているので、「動詞」を基盤にしているヨーロッパの言語ないし理性が、「名詞」を基盤にした日本語に翻訳されるとき、その内容が動的なものから静止的なものに変わり、述語的なものが主語的なものに変わる。というのも、言語のなかで「動詞」は、活動的な意味をもち、それゆえ生命的であり、なおかつ、何かを主語としてそれに述語されることばだからである。他方、名詞は、静止的、物体的なイメージをもち、主語ないし主語と対等の位置に置かれ、他者との関係が語られることばである。*16

この違いが、翻訳が施される相互の言語にあるとき、それぞれの言語内部ではその違いを意識することは大変むずかしい。すでに述べたように、自分がもつ言語は自分の理性（理解の仕方）を構成しているから、だれでも、自分の言語構造のなかでのみ「ことば」を理解することができる。

したがって、以下の説明は、日本語では分かりにくいとしても、ほかに述べようがない。すなわち、アリストテレスが「存在」を十個の「範疇」（述語形態）に分けるとき、それは何らかの主語に述語される「存在」が、それだけ異なると、彼の「理性」（言語）が受け取る必然から生じている。けして「存在」が、主語の位置に置かれて、「実体」、「性質」、「分量」、「所有」、「能動」、「受動」、等々、異なるという意味ではない。すなわち、各範疇は「述語」でありつつ、一つの主語について言われる「在る」のさまざまな面を述べている。あくまでも或る一つの主語に述語される一つの「存在」が、さまざま異なる仕方で「在る」ことを述べている。すなわち、それぞれ、実体の仕方で「在り」、また分量の仕方で「在り」、性質の仕方で「在る」という意味で、「範疇」が十個あると言われるのである。つまり「真実に在る」（実体である）と言えるのは、一つで、その一つの「存在」が、さまざまな仕方で「在る」と言われるのが、「存在の類比」であり、それがアリストテレスの範疇論である。

繰り返すが、このような「存在」理解は、日本語では成り立たない。日本語の「在る」は、ヨーロッパの言語と比較するとき、文面の違いによって変化することがほとんどないからである。「わたしが在る」も「ペンが在る」も、「色が在る」も、「たくさんの量が在る」も、「在る」としか言わない。ラテン語なら、「スム」、「エスト」、「スント」と変化する。したがって、日本語の「存在」は、通常、一義的である。それに対してラテン語の「存在」は、通常、多義的であり、類比的である。とはいえスコトゥスがラテン語の言語構造の中で一義性を主張するのは、彼が日本語的な言語構造（理性）をもっていたからではなく、あくまでもアリストテレスがもたなかった視点を、彼がもったからである。

それゆえ「存在」は、通常は、トマスが言うように、「類比的に述語される」。つまり神と被造物は、どちらも「在る」のであるが、「異なる仕方で在る」のであって、「同じ仕方で」、すなわち、「一義的に」在るのではない。

スコトゥスが、神と被造物を主語として、それぞれに「存在」を述語するとき、その「存在」は一義的であるとしたことの理由は、じつは神学を真に「科学」scientiaと呼べる「確実な知」と規定しようとする意図が、彼にあったからである。ところで、もっとも確実に科学であると見なされるのは、数学と幾何学である。数学や幾何学の証明にはあやふやさはない。あるいは、数学の計算にはあやふやさはない。それは使われている数字や線が一義的だからである。じっさい1の数字が複数の意味をもつことはない。一本の直線が、じつは「二本である」ことを隠している幾何学の証明はありえない。

それゆえ、確実に学問ないし科学と呼べる知識は、一義的なことばで構成されなければならない。類比的なことばでは、厳密な学問は構成できない。アリストテレスにおいても、存在の類比を述べている「形而上学」は、本来、「自然学のあとに置かれるもの」を意味して彼の弟子が講義内容をまとめたものであって、アリストテレス自身が「一つの学」としてまとめたものではない。

したがって、スコトゥスは、ヨーロッパ哲学の歴史上、はじめて形而上学を真に一個の「科学」ないし「学問」として整えようとした哲学者なのである。すでにラテン語、ギリシア語における「存在」について、その「ことば」がもつ多様性、すなわち、主語による意味変化があることは述べた。「ことば」がもつこの性格をそのまま受け取るなら、科学の専門性を超える形而上学は、総合的見地を与えるために、専門領域内の一義性を各領域に認めたうえで、それらを超える「総合性」を図るほかない。しかし一義性を超えた「総合性」を図るためには、「類比的である」ほかないのが、通常の受け止め方である。トマスが唱えた類比は、その通常の受け止め方である。

ところがスコトゥスは、総合的見地を、「一義性」によって成り立たせる道を考えた。それは、神と被造物の両者の「違いと共通性」を、同じ「存在」ということばで述べることを止めて、「共通性」のみを「存在」の名で呼び、「違い」は、あえて存在の「固有の様態」の名で呼ぶことにしたからである。すなわち、神と被造物は、両者共通に「存在」であるが、一方の様態は「無限」であり、他方の様態は、「有限」である。この後者、すなわち、様態の違いによって、両者はまったく異なっていると、スコトゥスは言う。

15　神は「無限存在」

「固有の様態」とは言え、やはりそれも「存在」ではないかと、読者は釘を刺したくなるかもしれないが、ことばとして、「存在」と「固有の様態」という「名による区別」が明確であれば、一義性を主張することができる。ちょうど砂糖水について、砂糖と水が、実在的に分離できなくても、水の成分と砂糖の成分がそれぞれ別々に「ことば」で取り上げられるなら、砂糖水について科学的に語る必要条件が整っている。あとはそれらがどのような割合で混ざっているかを「数値」をもって語ることができれば、目の前の砂糖水について科学的に語ることができる。たとえば正確に「一〇パーセントの砂糖水」と言うことができる。

それと同じように、「存在」と「固有の様態」が、ことばの上で区別して語ることができるなら、「存在」について科学的に語る必要条件は整っている。そしてスコトゥスは、十分条件を整えるために、「固有の様態」のそれぞれの「度合い」gradusを数値で表す。すなわち、白さを「より白い」と言うように、語の「比較級」で表すのではなく、その度合いを、「第十度の白さ」と言うように、「数値化」することを提案している。[*17]

じつはスコトゥスの死後、半世紀もしないうちに、ものの運動の数値化が可能であることが、スコトゥス学派のなかで思いつかれたらしい。速さの「固有の様態」として「速度」が数値化され、変化する速度が数値化されることによって、物体の自由落下の際に起こる「加速度」の研究が、オックスフォード大学において十四世紀の前半に始まったことが知られている。「自由落下の法則」と言えば、十六世紀末のガリレオ・ガリレイの発見として知られている。すなわち、物理学の近代化は、イタリアのルネサンスを待たずに、北西ヨーロッパの中世神学の深化をもとに、すでに十四世紀に最初の一歩が踏み出されていたのである。

言うまでもなく、白さの「固有の様態」は感覚的な性質の様態なので、数値化することが可能であるが、「ものの本質の様態」となると、それは知性によってのみとらえられる。したがってその固有の様態を具体的にとらえることは不可能である。ところで、「存在」は、すべての本質に言えることばであるから、その様態も感覚的な様態ではない。それゆえ、事実上、存在の固有の様態の違いを計って数値化することはできない。

ただし当時の形而上学では、人間の感覚がとらえることができない「実在」を、人間の知性は抽象の力によってとらえることができるという立場、すなわち、普遍論争における実在論の立場は、まことに正統的であった。そしてスコトゥスも、その立場に立っていた。それゆえ、人間の能力では個々の存在を直観してその様態を数値化できないとしても、それ自体としては、数値化できる内容を「存在の固有の様態」はもっていると、彼は主張できたのである。

そしてスコトゥスは、神の存在がもっている固有の様態は「無限」infinitum であり、他方、たとえ個々の存在の様態の数値化はできないとしても、被造物のそれは、どれも「有限」

finitum であると言う。つまり神の存在は、被造物の存在を無限に超えている。そしてスコトゥスは、「無限存在」という特徴（固有性）こそ、「神」をとらえる「ことば」であると主張した。

フランシスコ会のスコトゥスは、アウグスティヌスを模範として哲学したアンセルムスの哲学を基本的に引き継いでいる。それゆえ、自身の神の存在証明はアリストテレス的原因結果の系列を用いていても、スコトゥスは概念から実在を導くアンセルムスの神の存在証明を否定しない。ただ、「それより大なるものが考えられないもの」という表現では、それがどれほど大であろうと、すべての有限大を超えていることが明らかではない、したがって、スコトゥスは「無限に大なるもの」と言うほうがより良いと述べている。じっさい、「無限」は有限を無限に超えているから、神の「超越性」を確実に表現する。そしてこのことは、トマスの神の概念、すなわち「存在そのもの」（ipsum esse）についても、彼は言っている。すなわち、神は「存在そのもの」と言ってもいいが、「無限な存在そのもの」と言うほうがより良いと、スコトゥスは言う。

16——実在概念と抽象

繰り返すが、スコトゥスは、概念から実在を導いたアンセルムスの証明を否定しない。その理由は、実在から概念を引き出す「作為の無い」知性のはたらき（抽象）を認めるからである。すなわち、実在から抽象された概念が、正しく、真実に、生じるとすれば、その概念は、真実の概念であり、嘘のない概念である。ところで、その概念に嘘が無いとすれば、その概念は「真である」。そして「真で在る」なら、「実在している」。

たしかに「真である」のは主体の内の概念である。したがって、それが外界に事物として在るかどうかは、分からない。もしも外界に事物として在れば、それは客観的に在る。つまり主体から切り離して対象化しても「在る」。そして「主体から切り離して対象化しても在る」という意味は、神は「信じていない人」にとっても「在る」という意味である。

ところがすでに述べたように、アンセルムスの証明は、信じている人にとっての神の存在証明である。なぜなら、主体が神と関係するのは、主体（わたし）が「信ずる」ということによってのみ「在る」ことだからである。たとえ、主体がもつ概念上のことで在ろうと、「真である」なら、「実在する」と言えるからである。

ただし、繰り返しになるが、全くの客観的な視点に立てば、その実在は、感覚によって確認すべき「可能性」に過ぎない。可能性の段階から実際に（外界の）実在と一致するかどうかに至るには、感覚的観察による確認が必要である。感覚的に確認できるものなら、感覚で実在を確認することができる。

他方、それが直接には感覚で確認できないものなら、感覚で確認できる事実から論理的に正しく実在を結論できるか、知性によって吟味して確証しなければならない。たとえば、現代科学が目に見えない素粒子の研究でしていることである。言うまでもなく、アンセルムスの証明は、原因と結果の連鎖にもとづくアリストテレス的証明と比べて、感覚的事実確認からの実在の吟味に関して、疑いが大きい。それゆえ、一般世界ではそれを否定する主張が多い。

スコトゥスがアンセルムスの証明を否定しないのは、彼が抽象概念を、「作為のない概念」として認める（実在概念を認める）傾向を強くもつことと関係している。つまりアンセルムスが提示した論理に問題があるとしても、「概念が実在性をもつ」ことの真理性のほうが、スコトゥスにとっては重大である。じっさい、もしも概念の実在性が疑われるなら、アリストテレス的な証明を用いても、神の存在を証明することはできそうにないからである。なぜなら、所詮、神の概念は、感覚的にその実在を確認できる内容ではないからである。

つまり、せめて神学者が実現しなければならないことは、感覚的実在が明らかな存在と神の概念が「矛盾しない」ことを、説得的に明らかにすることである。なぜなら、本当の神の実在は、個々人が、個々の経験のうちで実際に出合うほかない「個別の事態」だからである。なぜなら、神の実在は「個」であり、個々人がその「実在」を確認できる場は、真実には一般知性による「普遍」の場ではなく、個々人が出合う「個別」の場でしかありえないからである。たとえば、「人間」の概念も、その実在性は、個々の人間との出会いの経験において繰り返し確認するしかない。生物学や医学から聞こえてくる「人間」こそ、科学的真理だと考えて、その確認を怠る人は、現実の「人間」の理解を、自分自身の理解（心）の中で間違える可能性が大である。たとえば文学作品は、作家による個別の「人間」理解の修正、深化を記録している。

したがってスコトゥスが証明していることは、神の概念、すなわち、「無限な存在」ens infinitum の実在性を、感覚できる被造物の存在と論理的に矛盾しないことを確かめるだけである。それは「可能性の域を出ない」としても、神が祈りの対象として実在する可能性を保証することができれば、神学者の仕事としては十分である。なぜなら、実在する神の信仰は、個々人の精神上のことがらであって、それ自体個別的でしかない。それゆえ普遍を語るほかない神学者にできることは、信者に対して、神を信じることが「できる」と言うことが可能な「普遍的場」を「普遍概念」のうちで保証するだけである。

したがって、スコトゥスは普遍概念が実在性をもつことを説得的に明らかにしようと、それがどのように知性の内に生じるか、説明する。

17—概念の実在性の根拠

スコトゥスによれば、知性は感覚器官を通じて受け取られる諸感覚を集めた表象を心がもつと同時に、その表象を「抽象する」ことによって、その外在する対象の「最低種」の概念（個別的具体的な対象にもっとも近い普遍概念）をもつ。言い換えると、「抽象する」とは、受け取った表象を知性が「普遍化」する（普遍性の性格を与える）だけであって、それを「理解する」ことではない。

すなわち、その概念はその内に多様な概念を含んでいるので、知性は、明晰に知るために、その概念が含んでいる「単純な概念」をその概念から取り出さなければならない。つまり知性は、対象を「単純な認識の複合」として認識するとき、はじめて対象を明晰に認識できる。そしてこの認識の明晰化の過程において、最初に認識できる明晰な単純認識が「存在概念」だと、スコトゥスは言う。

なぜなら存在概念は他の多くの概念に含まれているが、存在概念自体の内には存在概念しか含まれていないからである。すなわち、白いものは、存在であると同時に特定の色の性質をその表面のうちにもつ。他方、存在は、存在であると言う以外には何も言えない。つまりただ「存在」だと知らされたとき、色々な存在を想定することはできるが、知りうることは、「存在」ということだけである。

以上の知性のはたらきは、スコトゥスによれば自然本性的であって、意図的ではない。つまり抽象化は、意図的に行われるのではなく、本人の意志とは別に、知性が自動的に行う。たしかに抽象化のあとの明晰化に関しては、意志があらためて知性を動かすと考えることが出来る。このとき、知性によって意図的な単純概念の取り出しがもしも起こるとすれば、その概念に作為的な加工が施される可能性が生じるだろう。とはいえ、考えて見ると、これは近代科学の作為にこそ起こりがちなことである。じっさい、「科学」の名で、私企業から間違った理解が現代でも喧伝される。しかしまだ近代科学をもたない中世のスコトゥスは、そのような場合を考えていない。

したがって、ちょうどアンセルムスがそうであったように、スコトゥスも、知性のはたらきに関して、偽である場合を考えることなく、真である場合のみを考えている。そしてこの人間知性への信頼にもとづいて、スコトゥスは、感覚を通して知性が獲得している概念は、心の外の実在に一致した「実在概念」であると見なす。そしてこの概念の実在性（真理性）を基盤にして、神の概念がもつ「存在」（「無限な存在」のなかの「存在」）についても、実在性が主張され、スコトゥスによれば、第一原因の存在の証明によって、その「存在」が真で在ることが証明される。

18　科学認識と直観

古代末のアウグスティヌスは、「自分自身が生きる」局面において「真実」をとらえきれない悩みを懐いていた。そういう彼に真実をとらえる希望を与えたのがキリスト教であった。しかしまたそのゆえに、彼は哲学の中にあった懐疑主義に相対しつつ、「考えている自分の存在」は確信できると主張することで、懐疑主義に陥ることから危うく逃れていた。

スコトゥスは、アウグスティヌスのような悩みをもたないが、スコトゥスの時代にも懐疑主義は、人間知性が真理をとらえることはできないのではないかと、不審を主張していた。そしてそれゆえに懐疑主義者は、人間知性が真理を把握するためには「神の助け」が必要であると主張していた。

ところで、懐疑主義は、おもに3人称の真理（客観的対象の真理）の認識を疑っていた。それに対して1人称の真理は「主観の真理」である。たとえば「わたしは考える」は、「わたし自身に明らかな真理」である。つまり自己反省的認識の真理である。そのとき「自己」は反省の対象とされているが、同時に、それが「自己」という「主体」にとどまる限り、完全な対象ではなく、主体的でありながら対象であるという矛盾めいたものだと言うほかない。

それに対して、「彼は歩いている」など、一般に3人称で述べられることは、知性によって明確に「対象」として認識されたものである。さらにそのとき認識「像」の抽象化が起こるなら、「対象化」はより明確になる。なぜなら、「抽象する」とは、自分がもつ個別的な表象像から普遍的な像を「引き出す」ことであるゆえに、その引き出された像は、自分がもつ元の像から「離れた像」だからである。そしてそれは、お互いの主観から離れた像として容易に第３者と共有できる。

したがって、たしかに対象として認識された最初の像が直観的で直接的であった場合、それは直接的であるだけ、自分と「対象」との距離は見えにくい。それはむしろそうであるだけ主観的である。しかしそうだとしても、抽象化がなされれば、自分と対象との距離は明確になり、その認識は、明確に「客観的な対象認識」であると、分かる。

そしてこのような認識が科学的認識だと言われ、懐疑主義は、その真理性をつねに疑ったのである。というのも、古代中世においては、科学的認識は、多くの場合、専門的な経験認識であっても、実験と観察による批判的確認作業（吟味）が充分に行われていないものだったからである。中世後期スコトゥスの時代は、それまでのアリストテレスの科学が、アラビア科学を通じて工夫された実験や、器械を使った観察による「吟味」をもつ科学へと移行する初期段階であった。そしてその一歩となるのが、じつは、１人称の真理（主観的真理）による３人称の真理の吟味なのである。

スコトゥスは懐疑主義に対して、アウグスティヌスとは異なる答えを見つける。すなわち、

1人称で言われる「わたしは考えている」という知性内の直観（自己直観）ではなく、同じ1人称でも「わたしは見ている」、「わたしは聞いている」という、外界をとらえる自分の感覚作用の直観である。なぜなら、知性内の直観は、知性の外に出る出口をもたないが、感覚作用は外界をとらえる作用であるから、それを直観することは、外界を直観することだからである。

スコトゥスは、知性は感覚から受け取ったものについて「抽象する」abstractiva 認識をもつだけでなく、加えて、感覚が受け取ることがらを「直観する」intuitiva 認識をもつと言う。*18

言うまでもなく、感覚表象の内容は感覚表象に属するが、知性は、その内容が表象のうちに「在る」ことは、直観的に（直接に）認識できると言う。もしも知性が、自分のうちに在る抽象概念の「元」が、表象のうちに「在る」ことを知ることができないとすれば、自分が考えている内容について、観察を通じて外界の事物に問い直すことはできないだろう。

しかも直観認識は、「直接の認識」であるゆえに、外界に根拠をもつ「確実性」をもつ。なぜなら、抽象概念による認識は、たしかに時間と場所、特定の個別者のもつ制限を超えた認識（普遍的認識）を可能にするが、抽象を媒介しているために、外界の事物に対して「間接的な認識」であることは、否めない。それゆえに、抽象概念による認識の確実性は、結局は、直観認識によって確かめられなければならない。たとえば「一部が水の中に、他方が水の外にある棒は、つねに折れて見える」という普遍命題があるとき、それが本当に「そのように見える」ことは、実際の視覚認識に対する直観によって確認しなければならない。また実際には「折れていない」ことは、そこを手で触れてみることによって、つまり実際の触覚認識に対する直観によって、はじめて確認できる。[*19] つまりいずれの真理性も、直観によってだけ確認できる。

したがって抽象概念の実在性について信頼しているスコトゥスであるが、厳しい懐疑主義の攻撃に対しては、直観認識によって彼は反論する。

あるいは、次のような命題がある。すなわち、「人間などの自由意志が関わらない出来事において、多くの場合に起こることは、つねに起こることである」。たとえば、人間の意志で自由に操作できることとは思われない天空の月に蝕が起こる。なぜ起こるか分からないとしても、それが複数回見られれば、それだけで、月に蝕が起こることには何らかの必然性があり、そこには普遍的な原因があると結論してよいと、彼は言う。

なぜなら、その提示された命題が「自明である」からと、スコトゥスは言う。[*20] つまり実際に月に蝕が起こることは、視覚を通じて直観できる。そして同時に、知性のなかに在る「ことば」が、その直観通りに事象を述べていることを、知性は内的に（反省的に）直観できる。すなわち、この場合、知性内にはたらく直観が、認識の確実性の最後のよりどころになっている。

それゆえ、知性に感覚的及び反省的直観があることが、普遍認識の確実性の根拠である。そのように一般化して見ることが可能である。たしかに人間は、外在する神（3人称の神）について直観認識をもつことはできない。もしも神について直観の根拠をもつことがなければ「神学」という学問が成り立たないのであれば、大学で教えられる（科学としての）神学は不可能になる。

しかし他方で、スコトゥスは、神についての抽象概念の実在性も、実在概念に対する知性内の直観認識によって確実視していたと思われる。つまり感覚される個別具体的なものについての直観だけでなく、知性が抽象を通じて自分の内に得た概念についての反省的直観によっても、認識の確実性（学的知識の真理性）が確証できると、スコトゥスは考えている。そして、このことゆえに、スコトゥスは、神学もまた、正確に「科学」として確立することができると考えていたのだと思われる。

19――個別の存在とその認識

知性は直観によって個別の「存在」を認識することができると見たのが、スコトゥスである。言い換えると、知性は「個別の存在」に気づくことができる。とはいえ、個別の個別性（そのものにしかない「何であるか」）は、直観によっても、抽象認識によっても、人間知性はとらえることができない。つまり知性は、一方で、個別の「存在」を他の個別の「存在」から区別して感覚的に認識することができるから、知性はそれを頼りに、それぞれがもつ個別の感覚認識を感覚の内に見出すことができる。たとえばわたしたちは個々の白いもの、赤いものを見つけたとき、それを「白い」、「赤い」と述べて、それを「ことば」にして、理性で認識している。そして「ことば」になったものは、普遍化された認識である。

他方、個別のままの「この白」、「この赤」は、それぞれの色合いの違いを含めて、個々の感覚によってしか把握されない。したがって、それらは正確に「ことば」にできない。なぜなら、「ことば」は、「理性」であって、「感覚」のものではないからである。すなわち、感覚に属するものは、個々の感覚器官がとらえるものであって、人々の間で共通の「ことば」によってとらえられるものではない。「ことば」においてはたらく知性は、個々の存在に気づくとき、自分の中に在る概念ではなく感覚される内容にあらためて注意を向けるのである。

ところで、自然学と形而上学が事物の存在の原因について語るとき、その原因はどれも「普遍的な原因」である。アリストテレスは、質料、形相、起動因、目的因の四つの原因で原因は尽くされていると言う。そしてどれも、ほぼすべての事物の存在を説明することができる。学問、科学と呼ばれる知識は、知性による普遍的知識だからである。したがって反対に、個別の具体的存在を説明する原因は、ちょうど個別の白については「この白」と語るほかないように、「この質料」、「この形相」、「この起動因」、「この目的」と語るほかなく、人間知性はそれの個々の様相（個別の違いがどのように在るか）のいちいちを、とらえることはできない。それゆえスコトゥスは、「個別化の原理」は「何々である」と、たとえばトマスのように、「質料である」と述べることはできないと、言うのである。*21

ただしスコトゥスは、「普遍の実在」を積極的（ポジティヴ）に認める立場なので、普遍を個別化する原因を否定的（ネガティヴ）に考えることはできない。それゆえ、スコトゥスは、「個別化の原理」は事物存在のうちでもっとも現実態性の強い「究極の現実態」であると述べる。じっさい、それが、究極的に個々の存在を個別的に現実世界に現出させている原因だからである。たしかに一方で事物を現出させているのは、「存在する」ことである。したがって「存在する」こともまた、事物において「究極の現実態」である。

しかし、それは「個別化の原理」と同じく事物存在の「究極の現実態」であると言うべきであるとしても、「存在する」ことは、現出したすべてのものが存在することの原因だという意味で、すべてのものが存在する究極の「普遍的原因」である。けしてそれは個別性の究極的「個別的原因」ではない。

このようにスコトゥスは、一方で、知性ないし理性がもつ実在概念を信頼するアンセルムスの精神を受け継ぎながら、他方、外界の感覚的個別の存在に気づく知性の直観を付け加えたことで、あらたな神学を提示したのである。

20 オッカムと直観

スコトゥスと同じフランシスコ会修道士であったウィリアム・オッカム（一二八〇年頃～一三四七年）は、スコトゥスの哲学から「直観」を学んでいる。そして彼において、実在概念に対する疑いが強くなる。オッカムは、彼の神学書『オルディナチオ』の序の第一問のなかで、[*22]命題（真理文）を認識する知性のはたらきに関して、「把握する」はたらきと「判断する」（同意するか同意しないか）はたらきを、区別する。それまでは一般的に、真偽の判断は対象の把握のうちに含まれていると考えられてきた。判断するはたらきと把握する（理解する）はたらきは、いずれも認識するはたらきだからである。

オッカムがそれらを切り離して、命題の「把握」の後に、あらためてそれについての「判断」があると理解するようになったのは、自分が理解した命題であっても、あらためて真偽を吟味しなければならないと、彼は考えたからである。

ところで、科学が提示する命題は実在に関する真理文である。つまり「こういうことは真理である」という主張である。オッカムは、その命題を理解するとき、真であると理解するのではなく、真偽の判断については中立のまま、命題を理解することができると言う。ところで、真偽について中立的であることは、真であると同意するか同意しないか、決めないことである。

しかしそれは、事実上、同意することに傾く自分の思いに対して、あえて疑いをかけておくことである。なぜなら、人は通常、相手の言うことを聞くとき、理解しようと思いつつ聞くものであり、理解しようとするとき、人は通常、相手を疑っていないからである。アンセルムスとスコトゥスは、率直に神についての真理文（命題）を理解しようとしていたので、この立場から離れなかった。

それに対してオッカムは、そのような素朴な信仰から離れた。たしかに、3人称の真理を究明する科学のためには、オッカムのほうがスコトゥスより一歩進んでいる。スコトゥスは、科学命題に対しても主体的な信頼の態度が取られた。すなわち哲学者は、提示された真理文（命題）に対して、いかなる仕方でその真理性が理解されるかを吟味する。つまりスコトゥスが科学的知識の確実性を吟味するとき、彼がしていることは、「真であること」を、知性の内と外について、すなわち、真理文（命題）構成の内的一致と、真理文（命題）の外界との一致を、それぞれ直観によって確認する仕事であった。

他方、オッカムは、命題が偽である可能性を、命題が真である可能性と同等に見て、命題の「真偽」を、外在する事物の直観（経験）を用いて吟味する。このとき、オッカムによれば、直観は、事物が存在しないこと、すなわち、存在しない事物についても、「在る」と言われる。じっさい、直観が、ものが「在る」ときだけでなく、「無い」ときにも、それを認識するのでなければ、直観によって真偽を見極めることはできない。なぜなら、直観が、命題が示すものが「在る」ことしか認識できないのなら、直観は真を認識するだけで、誤りを認識することはできないからである。

言うまでもなく、当のものが「無い」ことを認識できるのは、当のものが「在る」ときを認識したうえで、それが記憶の中に残るからである。スコトゥスは、この種の直観（記憶にもとづいて無いと分かる直観）については「不完全な直観」と呼んで言及している。[*23] 他方オッカムは、さらに積極的にわたしの「今、眼前」の認識だけでなく、わたしの記憶に取り置いたかつての直観認識も、その認識内容は「わたし」からは離れた（3人称で客観的な）ものでありつつ、「わたし」がもつ直観認識であると、主張する。すなわち、外界に実存しないものの直観認識であっても、それが認識であるかぎりは、それはわたしの内に在って、対象の内に在るのではない。それゆえ、「わたしが天に実存する星を直観的に見るとき、その直観は、感覚的であれ知性的であれ、見られた対象から場所的にも主語的にも、区別される。したがって、その見ることは、星が破壊されても残る。したがって、云々」（オッカム著『オルディナチオ』第一巻、序、第一問）。つまり星の直観認識は、わたしのもつ認識であるから、対象である星が無くなっても、わたしの認識としてわたしの内に残る。したがって、オッカムによれば、直観認識は、「実存しない事物」についてもありうる。

スコトゥスにおいては、直観は、「存在する」ものについての「わたしの直観」であった。ものが「在る」ことは、わたしの視覚が「見る」ことにおいて、わたしの知性には明らかだからである。そしてその「個別的に見る経験」は、「わたしの知性」の記憶に残るというのが、スコトゥスの記憶論である。というのも、「ことば」で想起される経験は、「知性」（理性）の経験だからである。

オッカムは、ここから一歩踏み出す。すなわち、この記憶にもとづいて、知性は、「在る」はずの何かを探すことができる。そして、「在る」はずのものが「無い」という経験は、わたしの視覚を通じて、知性のうちに「見る」ことが「無い」経験として生ずる。オッカムは、そのように考えたのだろう。

それゆえ、たとえアリストテレスが述べている命題であろうと、オッカムの立場では、偽の可能性を考えて、外界との一致が「在るか無いか」を検証しなければならない。すなわち、古くから世の中に通用している「真理」だろうと、科学はその真理を、くり返し真偽の両面から吟味しなければならない。これが、アリストテレスの間違いを正して近代科学を成立させたオッカムの哲学である。そしてこのオッカムの転換は、近代に至って、ガリレオが見た木星の衛星など、肉眼では見えなかった星を、新たに「望遠鏡で見る」ようになって、――この場合は「無い」はずのものが「在った」のだが――その結果、天文学、自然学が変わる、という歴史に連なるのである。

しかしこのオッカムの転換は、他方で、キリスト教会の教えに対しての「信頼」に基づく研究の多くの部分を、厳密な科学としての「神学」から除く、という結果をもたらした。神は

「わたしの目」には見えないからである。ただしオッカム自身は、信者のもつ神についての抽象概念の正当性まで、否定してはいない。それを否定することは、オッカム自身の信仰を否定することになってしまう。しかし、繰り返すが、神については、直観知はもてない。なぜなら直観は、感覚が正確に機能する手元の（ごく身近な）ものについてのみ可能だからである。すなわち、事物を超越して遠くに存在する神を直観することはできない。したがって信者がもつ神の抽象概念は、直観によって検証することはできないと、科学的には結論しなければならない。それゆえ「神の普遍概念」は、神について教える権威（教会）に対する信頼にもとづく知、つまり「信仰」（信頼）としてしか存在しない。

ところが、オッカムが神学研究をした一三二〇年頃、フランシスコ会の会長はカトリック教会の教皇と、互いを破門にするほど激しい対立の中に在った。オッカム自身、四〇歳の頃、嫌疑を掛けられてアヴィニヨンの教皇庁に召喚され、そこに幽閉された。彼は数年後、そこから逃げて神聖ローマ帝国皇帝の庇護を受けた。つまり信仰のよりどころであるべきカトリック教会が、フランシスコ会にとっては自分たちの信仰の敵（アンチキリスト）になっていた。したがって、こうした現実社会の情勢も、オッカムが既存の抽象知を疑い、新たに身近な直観知によりどころを求める精神を醸成したかもしれない。

しかしまた、オッカムが進めた哲学の転換は、ちょうどヨーロッパが繰り返されるペストの流行と飢饉によって時代の転換を迫られるときに当たっていた。したがって中世末期のスコラ哲学は、修道院や大学で、細々と命脈を保つ時代へと移った。

とはいえ、オッカムが実現した「哲学の転換」とは、信頼されていたアリストテレス哲学が教える「3人称の客観的真理」を、あらためて真偽未決定の中立的立場に置いて、それを「1人称のわたしの直観」（主観の真理）によって「在る」と、さらに「無い」までを吟味するという転換だった。そして彼が推し進めた哲学のこの転換は、じつは対象を主体から明確に切り離し、「対象」については外的（感覚的）直観にもとづく経験科学を確立すると同時に、他方で哲学自身は、内的（反省的）直観の道をとって「主観」（主体自身の認識）に向かうことを可能にしたのである。

そしてそれは、じっさいに近代を迎えて、科学者たちの経験科学を実現し、さらに、ルターが教会を個人から切り離し、教会の権威よりも個人の経験を重視した宗教改革を実現する力になったと見られる。そして近代ドイツの観念論哲学に見られるように、主観性を基軸とする近代哲学、主観的不安を原理とする現代の実存主義を用意したと、考えられる。さらに言えば、芸術の分野における「不条理」も、[*24] その流れに数えることができる。なぜなら、オッカムがアリストテレス哲学に関して、個人の経験が得られるまでいったんは否定することになった「既知の普遍」とは、いわば「社会常識」のことであり、「条理」とは、その常識のことだからである。

つまり「善い人は、幸福になる」という常識と、「善い人とは、社会的に評価される人」という常識と、「幸福になるとは、社会的に成功する人（羨望の的になること）」という常識が作り出すのが、社会一般の「条理」である。ところが現実の人生は、個々の人生であり、個々の人生には、この条理は当てはまらない。ふいに訪れる病や死、暴力、弾圧が、個々人の人生を条理とは反対側に追いやる。オッカムはスコトゥスの神学を引き継いだが、さらに偶然性と個別の現実性に向かって理解を進め、科学としての神学の終焉を招いた。

そのオッカムが引き起こした転換が、現代に不安と不条理の哲学をまさに作り出している。

第2章

2人称の神と「わたし」

1　アンセルムス『プロスロギオン』のことば

前章で、中世スコラ哲学の歴史をひと通り見たが、ここでその内容をいっそう明らかにするためにアンセルムスに戻り、前章で簡略に済ませてしまった中世スコラ哲学がもっている諸側面を、あらためて説明したい。

前章で説明した通り、中世哲学を構成する二大要素は、キリスト教信仰とギリシア哲学である。アンセルムスは、まさにこの二つをはじめて明確に結びつけて「中世スコラ哲学の父」となった。じっさい彼は「理解を求める信仰」fides quaerens intellectum あるいは、「わたしは理解するために信じる」credo ut intelligam と語って、理解と信仰の関係を明らかにした。さらに、「なぜなら、もしもわたしが信じなかったら、わたしは理解しないだろうから」quia nisi credidero, non intelligam と、理由づけした。

すなわち、「理解」を求めるとは、ギリシア哲学であり、「信ずる」とは、キリスト教信仰である。この二つは背反するものではなく、一方が他方に協働すると、アンセルムスは言っている。つまりキリスト教信仰は、（最高善の）理解に役立つ、あるいは、（最高善を）信じつつ、それを理解することは、（最高善を）信じることに反しない、という主張である。

上記引用した「ことば」は、アンセルムスの第二の著作『プロスロギオン』序の末尾と、第一節の末尾に置かれている。そして以後の中世哲学は、すべてこの「簡潔な文句」にもとづいている。つまりトマス・アクィナスも、ドゥンス・スコトゥスも、例外なしにすべての中世スコラ哲学者がこの看板のもとに哲学した。したがって中世スコラ哲学を理解するためには、何よりもアンセルムスのこの「ことば」を理解しなければならない。そのため、少しくその前後にある『プロスロギオン』第一節のことばを見ておこう。

つぎのことばで始まっている。

卑小な人間よ、今しばらくの間、その職務を離れ、しばし喧騒をきわめる世界から身を引くのだ。今は重荷となっている杞憂を忘れて、心を乱す業務の履行を延期しなさい。しばらくの間、神のために時間を割き、しばし、神の内に憩うのだ。あなたの精神の『個室』に入り、神と、神を求めるために助けとなるもの以外は、全てを排除し、『戸を閉め』て、神を求めよ。今こそ、『私の心』よ、語れ、今こそ、神に語れ、『あなたのご容顔を私は求める。主よ、私はあなたのご容顔を求める』と（古田暁訳参考、以下同）

アンセルムスは、人間社会の業務から離れ、あらゆる心配事から離れ、「自分独り」になれと言う。彼は、修道院でのキリスト教会のためのあらゆる仕事から離れて、個室に入り、職務上の心配事を一切忘れて、ひたすら神について考えようとしている。したがってアンセルムスは、キリスト教会を含めて人間社会の業務は、神に祈るキリスト教信者で在るためには、かならずしも必要ではないと、考えている。

しかもここでは、アンセルムスは、「個室に閉じこもって」人間界の他者との問答を拒否している。その意味では、彼は「問答」としての「哲学」からも離れている。しかし、他方、人間社会のわずらわしさによって見失いがちな「素の自己」を取り戻そうとしている。そしてその「自己」(わたし)が、対話する相手「あなた」(2人称)として選んでいるのは、一個の「神」である。

しかし哲学を始めたソクラテスが自分独りになって考える時間をもっていたことは、彼が「立ち止まって独り考える長い時間」をもっていたというプラトンによる伝え(プラトン著『饗宴』)から、明らかである。ソクラテスにとっても、「他者との問答」は、独りになって自分の内で確かめる吟味を経たあとにもつ「ことばの吟味」であり、その吟味を他者と共有して、それを「真理」とするための、哲学の最終局面となる活動であった。したがって、アンセルムスがこのはじめの段階で「独り」になって考えることは、じつは「哲学」に反することではなく、むしろそのための確実な一歩だと言える。じっさい、すでに述べたように、アンセルムスはこの作品の後半ではガウニロという人物との「問答」に専心する。

さらに、アンセルムスはこの第一節の終わりで、つぎのような「ことば」を連ねている。いくつかに分けて検討しよう。

主よ、あなたを思い出し、あなたについて考え、あなたを愛するように、あなたのこの像を、あなたがわたしのうちに作られたことを、わたしは認め、感謝します。

ヨーロッパは奴隷制度を古からの社会習慣（常識）としていた。文中、「主」は、「神」を意味することは周知のことだろう。自分たちを「奴隷」と見なして、神を「主人」と呼ぶのである。古来、ヨーロッパでは「善い主人をもつ奴隷は幸福だ」と言われていた。アンセルムスも、この日常を疑っていない。彼自身、奴隷をかかえた家で育ったうえに、家を出るときも、荷を持つ家僕を一人連れていた。

そして「あなたを思い出し」、ということばのなかで、「あなた」は2人称である。「神」を直接に、あるいは、自分個人にとっての「神」として受け取っていることを見落とすべきではない。つまりアンセルムスは「神」を「彼」という「3人称」で受け取っていない。すなわち、だれかを「目の前にして」受け取っているときは「2人称」の相手であり、離れて見かけるだけとか、「目の前にいない」相手を考えるときは、「3人称」になる。そういうことからこの違いは理解すべきである。

「神」は、実際には目の前に居ない相手であるはずなのに、「あなた」であるのは、アンセルムスの心の中で神が現実的に「生きて在る」状態で「目前に思われている」からである。そして、これが「神を信じている」と言われていることの具体的中身である。「神」を受け止めるとき、「彼が自分とは無関係に存在している」という受け取り方は、アンセルムスによれば、「本当の信仰ではない」。逆に言えば、まさに「わたしのなかで生きて在る神を思い起こすとき」、そのときはじめて「わたしは神を信じている」と、言うことができる。

また、「思い起こし、考え、愛する」という三つの「ことば」は、神の三位（三つのペルソナ）に対応している。父のペルソナは思い起こす力の象徴であり、子のペルソナは考える力の象徴であり、聖霊のペルソナは愛する力の象徴である。「神」はこの三つを束ねている。

「父なる神」は、子であるキリストを通して思い起こされるべき「旧約聖書の神」である。「旧約聖書」の神は、キリストの「父」である。そのため、畏れと敬意の念をもって「思い起こさなければならない神」である。そしてキリスト（神の子）は、神の教えを示して、人生を考え直すべきことがらとして、「考える」こと、すなわち、「理解する」ことを、アンセルムスに要求している。

最後に「あなたを愛する」というとき、この「愛する」は、じつは、ふだん日本語で受け取られる好き嫌いの「愛」ではない。むしろ「ありがとう」の気持ち、言い換えれば「感謝する思い」である。というのも、神を愛すると言われるときの「愛」は、人間の愛ではなく、「神の愛」でなければならないと、言われているからである。そして「神の愛」は、神からの恩寵であり、同時に「感謝の愛」である。日本語にはないこの感情については、あとで詳しく説明したい。とりあえず指摘しておくべきは、取り上げた一文の最後が「感謝します」になっているのは、神の愛がまさしく感謝の愛だからである。

さらに、取り上げた文の途中に出てくる「像」というのは、神自身にかたどって、神は人間を造ったという旧約聖書「創世記」の記述によっている。アンセルムスは、身体ではなく、「精神」が「神の姿に似せて」造られたと、古代の護教哲学者以来の解釈にしたがって考えている。すなわち、神が自分に似せてアンセルムス自身の精神を造ってくれたおかげで、アンセルムスは修道院の個室で自分独りになっているときでも、神を思い起こし、考え、愛することができる「喜び」がもてるのだと考えて、かれは「感謝している」のである。

続く文は次である。

　しかし、この像は、罪によってすり減り、罪の煤煙によって黒ずみ、あなたがそれを改め、作り直さなければ、それが本来作られたはたらきをすることはできません。主よ、あなたの高みを究めることを試みません。なぜなら、わたしの知性は決してそれに匹敵しないからです。

ここで言われている「この像」というのは、言うまでもなく、アンセルムス自身の「精神」である。それは生まれながらの罪（原罪）によってすり減っていると言う。アダムが犯した罪

（原罪）によって、その後に生まれた人間理性（知性）は真理を理解する本来の力を失ったと、解釈されている。キリスト教会の教義にしたがって、あがない主であるキリストを信じることによって、はじめてこの原罪自体は、払拭される（あがなわれる）と見なされている。

しかし、それでも、それまでに原罪のもとで生じた個人の罪は、理性の本来の力を個人から奪っている。人が信仰をもつのは、生きる苦しみに出合ってから、である。したがって信仰による払拭が為される以前に、原罪から生まれた悪い欲望が、すでに自分の心を暗くしている。過去にその眼で世界を見ていた「認識のこだわり・習癖」が、神を信ずるようになった現在のアンセルムスの理解力に、払いのけられない暗い影を落としている、という理解である。したがって、今の自分の理性の力では、とても神に達することはできないと、アンセルムスは自覚している。

「原罪」のはたらきについては、ここでは次のことを考えてみてほしい。

現代社会では、多くの人が「やすやすと生きる」こと、「楽に生きる」ことが幸福になることであると、思い込まされている。はたらいて（苦役に努めて）、給料を稼ぎ、その給金で生活を便利にする機器を買って、あるいは、旅をして、ときどき楽しむことで、自分は「そこそこ幸福なのだ」と思うことを、世の中は常識とみなしている。しかし、じつは、この「常識」があやしい。つまりアンセルムスが言う原罪説から言えば、人は、じつは幸福になる道が分からないで生きている。原罪の結果として、幸福を見出す能力を失っているのである。そのために、周囲の産業社会が薦めるままに、その給金で楽々と生きることができると考えて、仕事（苦労）をしている。

それゆえに、多くの人が、楽々と生きることが人生の目標のように思っている。しかし、楽々と生きるとき、人はじっさいに幸福なのだろうか。

たとえば、子どもが自分で考える力を一つ一つ、つけているときに、こうすればいいと、安直に「答え」を教えるのは、かならずしも子供を幸福にしているとは言えない。じっさい「答え」（教師が考える社会常識）を教えて見せることで自分の能力を誇っている教師は、かならずしもすぐれた教師とは言えない。年寄りに「親切」にするとき、その年寄りがどんなにがんばってもできないことをしてあげるのは「親切」だが、自分でがんばればできることを他人がすることは、「おせっかい」であり、その年寄りの人間としての「尊厳を奪う」ことである。

このように、わたしたちは、世間の「常識」を教え込まれているために、その誤りを自覚できないように、さまざまに思い込んでいる。

「原罪」の結果としてわたしたちがもちがちな「間違った理解」とは、そういうところに在る。つまり自分では「善いこと」だと、すっかり思い込んでいる中に、「悪いこと」（罪）が在る、ということである。

神、つまりキリストを信じることによって、原罪と、原罪の結果もつことになった間違った理解（心の罪）を拭い去ることができると教えるのが、キリスト教である。つまりふつうの人間は、原罪（心の基点の罪）をもっていて、したがって不正な理解（心の罪）をもちがちである。そのために、信仰の無い人は、原罪を拭い去ることができない。それゆえ、信仰の無い人は、自分と他者を、気づかぬうちに不幸にしてしまう、という理解である。

そして原罪の払拭は、たしかに信仰（教会）が約束していることであるが、他方で、ギリシア的理性においては、それと同じことが、哲学する（ことばを吟味する）こと、すなわち、理性の吟味によってなされると、理解されている。なぜなら「哲学」は、古来、「心の浄化」と等しいと理解されているからである。ちなみに哲学が心の浄化になるという考えの由来は、プラトンにある。*1 それゆえ、アンセルムスは、信仰と、さらに心を浄化する哲学を通じて、自分の理性が神が作った本来の力を取り戻して真理を理解する道につくことができるようにと、先の文脈で祈っている。

そして、わたしがこの節の最初に挙げた「ことば」が現れる。

しかし、わたしの心が信じまた愛するあなたの真理を、いくらかでも理解することをわたしは望みます。（古田暁訳）

続く言葉は次のようである。

たしかに、信じるために、わたしは理解することを求めません。むしろ、わたしは信じます、そして理解できればと願います。わたしは『信じなければ理解しないであろう』(「イザヤ書」)ということを信じているからです。

すなわちアンセルムスは、自分は、神については「理解できなければ信じられない」という立場ではないと、言っている。しかし、一般的に言って、人間相手の場合、相手がやはり或る程度「まともに」、あるいは「ふつうに」、自分が理解できる相手でなければ、その人を信じることはむずかしい。行動が理解できない相手だと、どうしてもわたしたちは相手を「あやしい」と疑ってしまうものである。

ところが、「神」は、人間が理解できる相手ではない。理解できなければ信じられないのなら、神は信じられない相手である。

しかし、「神」は、アンセルムスの精神を、自身にかたどって造ってくれた創造主である。したがって、「感謝の愛」を向けなければならない(感謝するのが正しい)。アンセルムスは正しく生きるために哲学するのだから、神には感謝の愛を振り向けなければならない。そして神に対して感謝の思いをもつことは、「神を信じる」ことである。

したがってアンセルムスは、神は理解できなくても信じなければならない相手だ、と言う。それゆえ、「まず信じる」と言う。このとき、「信じる」とは、「愛する」ということばと等しい。人間の場合でも、今は理解できない人であっても、「善い人」であるという評判を聞いて、まずは信じて、その人の言っていることに耳を傾け、「理解しよう」と努力することは、正しいことである。これと同じ論理である。

キリスト教会としては、神は、信じるだけでよい、という立場である。理解は求めない。つまり哲学は求めない。しかし、だからと言って、神を理解してはいけないとは言えない。なぜなら、キリスト教会も、神は絶対的に善い存在であると言っているからである。ところで、「善いものを正しく理解する」ことは、「善い理解」であるのは必然である。したがって、「信じる」だけでなく、「理解する」ことは、たしかに善いことである。

アンセルムスは、そのように考えて、「信じるだけでなく、理解したい」と願う。

ラテン語では、credo ut intelligam クレドー・ウトゥ・インテッリガム、英訳すると、I believe so that I could understand. 直訳すれば「わたしは信じます、そして理解できればと、思い（願い）ます」。

以上が、自分の信仰を、哲学の吟味にかけるアンセルムスの考えである。彼は、以上のように言うことで、信仰を哲学すること（＝スコラ哲学）の正しさを、弁明している。

2 信仰と理性

さて、「信じる」というのは、哲学の世界では、「知らないが、知っていると思っている」状態を言う。プラトンの言う「思惑」である。他方、「知っている」とは、「真であることが分かっている」ことであり、それを「他人に分からせることができる」、つまり「正しく説明できる」状態を意味する。言うまでもなく、ここで「説明」とは、「ことば」による「説明」である。「論証」、すなわち、「ことばによる証明」と呼ぶこともある。

したがって、「信じる」段階では、わたしは「分かっていない」。言い換えると、それが「真である」と「論証できない」状態にある。「真である」、「正しい」と信じていても、まさにそうで「在る」とは、ことばで十全に説明できない、という状態である。教会の神父が説教時にしていることは、「正しいと信じましょう」と言って、信じることを促しているだけである。説教によって信徒にそれを「真で在る」と分からせているのではない。じっさい、「分かる」のなら、それはすでに信仰ではなく、「知識」である。神父が教会で信仰ではなく知識を教えているとしたら、神父は学校の先生である。しかしそれはむしろ神父として正しく教会の仕事をしていないことになる。したがって、哲学を目指すアンセルムスは、ここでは「学校の先生」なのであって、信仰を導いている神父ではない。

ところで、「理解する」とは、今しがた述べた「知っている」ことを言う。つまり「それが真であると分かっている」状態を意味する。

アンセルムスは、「わたしは理解するために信じる」と言う。しかしこの場合、アンセルムスが理解する対象として想定しているのは、「神」そのものではなく、神について自分が「信じている内容」である。したがって、アンセルムスのことば「わたしは理解するために信じる」は、「わたしは自分が信じる内容が、真で在ると分かることを目指して努力するために、まずは、それは真であると信じる」である。ところで、この文の主動詞は「わたしは信じる」である。すなわち、アンセルムスは、「分かる」と言っているのではなく、「信じる」と言っているのである。したがってこれは、いわば中世スコラ哲学者の「信仰告白」である。

しかし、それでも「分かる」ことを目指して「ことばを吟味する」のが哲学者である。いささか繊細な議論になってしまうが、結局のところ、一方の「真である」と「分かる」ことと、他方の「信じる」ことの二つが、区別されなければならない。「信じる」と「分かる」とは、どちらも「心の動き」であることは同じである。その区別を見極めるためには、「信じる」と「分かる」の二つの自分の心の動きを、区別できなければならない。その区別は、先に述べた通りである。「分かる」ものは、他者に説明できる。それに対して、「信じる」ものにできることは、「信じている」と他者に告白することだけである。

問答を通じて説明ができるようになるとき、本当の哲学の世界が自分の前に開ける。とはいえ、だれにでもそれらが区別できる、ということではない。というのも、「信じる」も「分かる」も、どちらも主観の作用であり、したがって、それらの違いは、心の中でしか分からないものだからである。それを区別できる力は、心の外にある諸事物を、それぞれ比べて研究する科学の理解力とは、まったく異なる力、それに優るとも劣らない力が必要になる。心の外の諸事物は、種類を見分けて数え上げることができれば、科学を始めることができる。それに対して哲学は、心の内にあるものの種類を見分けることができなければならない。

人間社会のなかで哲学するためのこの力を持つことができる人間は限られるから、その力をもたない人には宗教が必要になる。宗教は、哲学が出す結論を神の教えとして教え、それを信じることを通して、まるで他人からは「知っているかのように」生きる道を用意する。ちょうど計算力に限界のある人のために計算機械があり、科学の教科書があり、数学の教科書があるように、答えを機械的に、容易に教えるのが宗教である。現代では、この宗教の役割の幾分かは、芸術表現を通して文学が担っている。つまり文学も、哲学的内容を、具体性をもった表現のうちに説明している。なぜなら、哲学と文学は、人間が「正しく（美しく）生きる」ことを目指しているからである。

そして計算機器が正しく動くためには、正しい設計や組み立て、点検が必要であるのと同じように、哲学の代わりに真理を教える宗教も、それが正しく信徒を導くことができるように、それ自体としては、点検整備が必要になる。そして宗教の点検整備は、科学の役割ではなく、哲学の役割である。

しかしアンセルムスを読む重要性は、それだけではない。「哲学」がどのように「ことばを吟味する」か、それを知る意味で重要であり、それを知ることで、はじめて中世哲学の本質を見誤らずに哲学の歴史をたどることができる。

「哲学」が「正しいことば」を見出すために、「ことばの吟味をする」ことは、すでに述べたことである。しかし、一方で、わたしは、哲学の真理は「主観的（わたしの）真理」であること、他方で、真理であるためには、他者に通じる「共通性」（他者が納得できること）が必要であると、述べた。そして真理の「共通性」と「客観性」について、それらが区別されるべきであることを主張した。そしてさらに、科学がもつ「客観性」は、自然に沿って生じるものではなく、むしろ「社会的（協働的）人為」によって「作られたもの」であることを主張した。

つまり科学において観察器具などの「方法」を、専門家があらかじめ吟味して人為的に定めた規律にもとづいて、科学の「客観性」が主張されている。そしてその「客観性」にもとづく「科学」の技術が実際にわたしたちの世界を変えることによって、「客観性」による「普遍性」の「真理」（普遍的真理）が、一般世間の信頼を得ている。つまり「科学信仰」が生じている。これらのことは、すでに述べたことによって判明したと思う。しかし、科学が主張している「普遍」の真理であっても、現代の最先端の技術が新たな観察用具を作る。たとえば、素粒子の超加速器、地下深くの貯水を観測する巨大な施設。それによる「新たな観察」――それは特定の時間、場所でなされる個別の直観である――によって、科学の真理は繰り返し吟味され、「修正される」。

しかしこのことは、何を意味するのか。

科学の「客観性」は、直接には、専門家の吟味に耐える「共通性」の意味であって、すべての人にとっての「真理」を、直接に意味するものではない、ということである。また、指摘したように、科学の真理も、個別の直観によってつねに吟味され、修正を迫られる「仮説」だ、ということである。つまりそれは永続的な真理、あるいは、自然そのものがもつ真理ではない。自然に関して科学が主張している真理であり、人間がそのときに吟味してもつ人為の仮設的真理にとどまる。したがって同じことは、世間で言われる「常識」とか、あるいは「普遍的真理」とされている「概念」にも、言えることである。

すなわち、社会的真理も、じつは仮説的真理であって、個人の経験（直観認識）によって、つねに修正を迫られる。たとえば、「正義」の概念、「人権」の概念は、時代の吟味によって変化してきた。それゆえまた、科学の真理が「専門家の吟味に耐えられる」ことで主張されているだけであるように、人間社会に通用している常識的観念の真理は、だれも批判できない真理（絶対的真理）であるかのように見えて、じつは多くの場合、「社会の有力者の間で支持されている」ことによってのみ、真理とされていることが判明する。

たとえば近代国家の正当性を主張するために、「国家は国民全員の意志によってつくられた権力組織」ということが近代の哲学者によって言われても、「意志を表明することができる人間」は、じっさいには「有力者」に限られている。しかし他方で、子どもや特別の事情で意志を表明できない人間を国籍からはずしたなら、「全員が」という近代国家の理念は成り立たない。さらに、そうであれば、実際には国民全員の意志でつくられていない国家は、「偽りの国家」だと言わなければならない。そうだとすれば、地上に、真の国家は存在するのかということが問われる。このように、男女の性差の見方、経済成長の必要性、人間は過去より現代のほうがすぐれている、等々、すべての社会常識は、科学の真理と同様に、つねに自分の経験によって修正すべき「仮説」に過ぎない。

すでに述べたように、ソクラテスは、社会一般に言われていることが必ずしも「正しい」ことではないことに気づいて、アテナイの町なかで「哲学」(問答)を始めた。多くの人は、「みなが言っている」ことは「共通的に、普遍的に正しい」に違いないと思い込んでいる。ことに社会の有力者の意見は、それだけ多くの人に伝わり、多くの人に知られているうえに、それに反対することは、その社会で不利な立場に立つことである。それゆえ、「その考えにしたがっていた」ほうが「良い」と、多くの人は判断しがちである。こうして多数派の意見が社会を代表する意見となる。

しかし、間違った言葉にしたがって考えることは、理性を持つ人が間違った生き方をすることである。理性は、生まれながらに、自発的に、正しく考えることを求めている。自分の理性であっても自分が理性のもとを造ったわけではない。理性自体が求めること、正しい考えをしようとあがくことを、押さえつけていることは、たとえそれが自分の理性であってもむずかしい。それゆえ、正しく考えることができない生活を、知らず知らずのうちに周囲からあてがわれた理性は、正しく考えることができない生活に不安を懐き、不幸な道を歩む。

たとえば、「人に迷惑を掛けることは悪いこと」だと教え込まれた人間は、とにかく小さくなって生きるほかない。その教えが間違いだからである。一方、「面倒見のいい人」が良い人であるように、「迷惑見のいい人」になるように努力すれば、人は、積極的に人生を生きることができる。

中世期のヨーロッパ社会で有力者であったのは、王族と教会指導部である。このうち、修道院は、王族の権力から中に居た修道士の生活を保護した。それゆえ、修道士アンセルムスの思考は、この種の誤りからは自由で居られた。一方、修道院は、教会の管轄下にあったから、彼は教会指導部の誤りからは自由で居られなかった。しかし、信仰は、心の中の祈りである。教会指導部といえども個人の心の中まで監視することはできなかった。じっさいアンセルムスは、教皇が全国のキリスト教徒に向けて出した「十字軍募集」に対して、自分の教会では、参加しないように説いていたという。

カンタベリーの司教であったアンセルムスの立場が、教皇に遠慮しなければならない立場ではなかったからかもしれない。とはいえ、一般的に、修道生活が立派であれば立派な修道士である。哲学する（主観の真理を吟味する）ことは、心の中で自由であったし、書物として公刊するときに十分にことばに注意すれば、かならずしも教会指導部の誤りに同調しなくても「正しいことば」を発表することができた。

それゆえアンセルムスの神学は、哲学の自由ないし独立性がどれほどのものか、あるいは、どうすればそれを守ることができるか、それを測る格好の例だと言うことができる。かつてソクラテスは哲学のために死刑になった。アベラールは修道院の外での哲学の活動のために譴責された。しかしアンセルムスは修道院にとどまり、大司教になり、カトリック教会の聖人となったのである。

3 アンセルムスの『グラマティクスについて』

アンセルムスの『グラマティクスについて』は、彼が「グラマティクス」ということばを、吟味するようすを書いたものである。

ラテン語で「グラマティクス」とは、「文法家」のことである。つまり「グラマティカ」が「文法」の意味で、それを身に付けた人間（学者）が、「グラマティクス」、つまり「文法家」

である。古代に、アレキサンダー大王がヘレニズム世界をインドまで拡大した。ギリシア語が、ギリシア半島から西アジア、エジプト、インドとの国境に至るまで、支配層、ならびに交易の共通語になった。それによって、広大な世界にギリシア語を教える必要が生まれ、ギリシア語の「文法」が意識され、研究された。なぜなら、文法は言語の論理だからである。「文法」の研究は、「ロゴス（ことば）」の研究であった。またギリシア語は「ヘレニズム文化」（知恵）を伝える言語であった。そのため「文法家」は「言語学者」であり、また「学者」であり、「文化人」であり、「知者」であった。

こうして一つの単語が、多義的な意味合いをもつようになると、「ことば」があいまいになり、都合よく意味づけられて使われるようになる。「グラマティクス」は、そういうことばの例として検討されている。

ところで、アンセルムスの『グラマティクスについて』は、教師と生徒の問答の形式をとっている。そして生徒は「文法家」という単語は、「実体か、性質か」と問う。これはアリストテレスの範疇論にもとづく問いである。すなわち、文法家は「人間」であるから、「実体」に属するのか、それとも過去の哲学者たちが主張するように、文法の知識という「性質」をもつものだから「性質」に属するのか、という問題である。しかしアリストテレス哲学の一般常識では、「文法を知る人間」が「文法家」であるなら、人間のうちで「文法の知識」という「性質」をもつものだけが「たまたま文法家と呼ばれる」。それゆえ、大方の哲学者は「文法家」

を、偶性範疇のうちの「性質」の部類に分類する。

しかし、他方で、たしかに「文法家」は、人間であるから「実体」である側面があることは事実である。なぜなら、「人間」が「基体」（主語）となって、そこに文法の教養という「性質」がたまたま加わるからである。ところで、「範疇」というのは、「述語の分類型」である。そして「文法家」が一般的な文に用いられるとき、たとえば「彼は文法家である」と言うとき、「文法家である」が述語である。それゆえ、「彼」という主語（基体）の実体性よりも、性質の意味をもつ述語のほうで理解した方が、「範疇」の意味としては正しい。それゆえ、アリストテレス哲学の一般常識（範疇論）では、「文法家」は、やはり実体と言うより性質なのである。

ところで、これは『グラマティクスについて』という作品の出だしの部分である。彼は、三段論法を用いて、さらに詳しい分析を見せる。つまり自分の「ことばの吟味」の仕方を生徒に語る。*2 まさに彼は哲学することを、生徒に教えて見せているのである。つまりこの作品は、アンセルムスの「哲学の教科書」である。

ところで、教えるということは、自分が十分に分かっているという自信がないと、できないものである。したがってわたしたちは、彼が、教会教義の真理性を証明する「神の存在証明」を済ました後にこの本を公刊した意味について、あえて推察することができる。つまり彼は、この作品で、「哲学を通じて、いまだに教会が教義として確定していないことについて、自分があえて真理（正しいこと）を、哲学の吟味によって獲得する」ことを、企図したのである。

そしてそれを、この本で公言したのである。教会教義が確定していないものとは、「なぜ神は人となられたか」(cur deus homo) である。

しかし、教会指導部のだれも、彼のこの大胆な意図を読み取れなかったと、わたしには思われる。

4　主観的真理と神の存在

『グラマティクスについて』に続くアンセルムスの作品は、しかし『真理について』である。すでにわたしは「真理」に関して「3人称の客観的真理」と、「1人称の主観的真理」が区別されると言った。しかし読者の中には、「真理」とは、客観的であることであって、主観的であるならば「真理」ではないのではないかと、やはり疑問に思う人が居るだろう。それに対して、わたしは、真理には、客観的(対象的)なものと、主観的(主体的)なものと、二つあると言う。なぜなら、スコトゥスによって提示された「直観認識」は、主体に直接的であって、まったくの「主観」だからである。じっさいスコトゥスは「わたしは見る」、「わたしは聞く」という、「1人称」のことばで、「直観」の例を述べている。

言うまでもなく、「真理」は、一方で、複数の人々によって共通に「真である」と認められるものでなければならない。しかし、各人、それぞれが「わたし」であり、それはすべての人々に共通である。それゆえ、「わたし」の直観は、だれか一人だけのものではない。つまり「わたしの見るはたらき」、「わたしの聞くはたらき」、「わたしが考えるはたらき」、これらのどれも、だれによっても、つまり、どの「わたし」によっても、普遍的に経験できる事実である。

しかも、各人の「わたし」にとって、そのはたらきは、直接的で自明である。それゆえ、各人の「わたし」がもつ直接のはたらきを「真である」と認めないことは、だれにも（どの「わたし」にも）できない。そしてそれは、「これら主観がもつこと」が「真理である」ことを、だれも否定できないことを意味する。そしてわたしたちは、自分がもつ認識を他者に語ることで、自分の認識が「通じる」かどうかを認識することができる。すなわち、「通じる」とき、わたしはその相手が、わたしの認識を「真である」と、「共通に」認めることを確かめることができる。他方、意見の食い違いを見たとき、わたしは、わたしの認識が「偽である」ことを、受け取ることができる。そしてわたしの「主観」が誤りに陥るのは、自分の直接の経験でさえ、間違った考え（偏見・誤解）によって自らをゆがめてしまうときである。そしてこのようなことが起きやすいことを強調するなら、主観的経験には、誤りが多いと見られるだろう。

他方、わたしたちは、学校で「真理」を習い、一般社会のなかで「或る事実が真理である」ということばを繰り返し聞く。頻繁にそのことばを耳にするために、わたしたちは「真理」と呼ばれるものは、一部の人々によって「公的に対象化された客観的事実」だけだと、思い込む。しかし真実には、「真理」は、客観的対象についても、主観的内容についても、等しく言えることである。そして、「真理」だけでなく、「虚偽」も、客観的対象についても、主観的内容についても、等しく在る。わたしたちは、誤った思い込みによって、自分が経験した事実についても、教えられた事実についても、誤ることが少なくない。そしてそれを正すことは、ふたたび、自分が直接経験することを素直に受け取るという、もっとも素朴な認識（直観認識）によるほかないのである。ソクラテスにおける「問答」は主観の誤りを正すものであった。そしてそれはプラトンによれば、相互に相手の誤りを「率直に」指摘し合い、自分の誤りが明らかになることを、「率直に」喜ぶ精神を必要とする。

中世後期のスコトゥスとオッカムが、「直観」ということばによって明らかにしたのも、この事実である。

そしてそれゆえに、哲学の吟味は、客観的真理についても、主観的真理についても、等しく「わたし」という主観の素直な「直観」をよりどころにして、しっかりと、繰り返し為されなければならない。

中世を通じてなされた「神の存在」の吟味は、客観的に、宇宙を超越して支配する「3人称の存在」の吟味だった。その存在は、オッカムの吟味によって疑われることになった。つまり神の存在は、オッカムによって、原因の必然性（普遍性）にもとづいて証明することはできないことが明らかになった。とはいえ、オッカムによって否定されたのは普遍的必然性であって、個別的偶然性ではない。すなわち、直観的に見て、事物は存在するか存在しないか、偶然的である。このことはこの「わたし」にとって真理である。そしてほかの「わたし」にとっても真理である。ところで、何事にも原因があるすれば、この宇宙が現に偶然的に存在していることについても、原因が主張できる。それゆえ、その偶然的原因は、この宇宙を創造している神であろうと、オッカムは主張した。

たしかに、「原因」と言えるのは「必然的なもの」だけであるという立場がある。しかし、スコトゥスが示した「直観」という「主観」の自明的真理は、実際には「偶然的な真理」である。なぜなら、それは個々の場面で個別的に見いだされる真理だからである。ところで、個々の実際的場面で個別的に見いだされる個々の真理は、科学的発見の確実な根拠（データ）となる。じっさい、日々、観察器具を通して研究している科学者は、個々人で個別の事態を研究している。つまり偶然的出来事を集めて、それを根拠にして必然的で普遍的な真理を見つけようとしている。このことは、近代科学によって、あるいは、現代の科学的発見の事実報道を通じて、周知のことである。

それゆえ、スコトゥスが示した「直観の真理」は、それが「主観的真理」であると同時に、「直観的に知られる」（主観的に知られる）個々のデータが、それ自体としては偶然的なことがらであるとしても、3人称の客観的真理を見出す「資料」となることを、明らかにした。つまり客観的真理が主観を吟味するのではなく、むしろ個別の主観的真理によって客観的真理が共同的に作られ、吟味され、修正されるのである。したがって、すでに述べたように、科学的普遍的、なおかつ、必然的真理と、個別的主観的偶然的真理は、どちらも個別的主観の直観によって作られ、修正される。このことを、スコトゥスとオッカムは、明らかにしたと言える。

それゆえ、スコトゥスは、科学のほうが個々人の主観よりも正しく真理を扱うことができるのではなく、「1人称の主観的真理」を吟味する哲学のほうが、科学が主張する客観的対象の真理性の根拠（わたしの実際的経験）を、吟味する資格があることを明らかにした。したがって、真理を扱う学問として、哲学は、主観的であれ、客観的であれ、その「原因」、「根拠」ないし「第一原理」を扱い、主張することができる。そしてそうであるなら、哲学は、科学とは異なって、「必然的原因」だけでなく、正当に「偶然的な原因」を語ることができる。なぜなら、偶然的であっても、原因であることが「共通的に」（他者に通じるように）「真である」なら、それは「真理」だからである。

それゆえにオッカムは、直観的認識こそ科学的認識の基礎でなければならないと考えた。それゆえ、オッカムが主張する「この神」は、客観的概念ではない。現にある「この宇宙」を、「今ここに、瞬間的に」持続的に創造する自由な「意志」という、個別の「主体的はたらき」をもつ「神」である。つまり今宇宙が存続しているのは、唯一の（個の）神が、主観的に、今ここに在る現実の世を愛しているからである。神という主観が、この世が嫌になれば、この世ははかなく消え去る。オッカムが考えている神は、そのような神である。

したがって中世ヨーロッパが終わる頃、オッカムの神学は、まるで仏教のように、「この世のはかなさ」を見出したと言える。この理解が、当時の哲学に行き渡り始めていたとすれば、同時代のマイスター・エックハルトが、彼のドイツ語説教で「魂の非我」を説いていることは、*3驚くべきことではないかもしれない。じっさい、「無我」を主張する仏教徒は、自分たちの考えに酷似するキリスト教精神をそこに見出して驚くが、この酷似は、両者がこの世の偶然的存在理解において共通しているなら、必ずしも偶然ではない。なぜなら、偶然存在には、「今ここ」だけがあって、永遠存在は無いからである。それゆえ、両者にとって、魂も我も、瞬間的なはかない存在であって、なんら永遠的存在ではない。

また、エックハルトは、トマス・アクィナスが神は「存在のはたらき」（エッセ）そのものだと言うのに対して、神は「知性のはたらき」（インテリジェレ）だと、主張したことが知られている。そしてこの相違について、トマスもエックハルトも、アベラルドゥスに学んだ同じドミニコ会の博士であることから、現代の研究者は困惑を隠しきれないでいる。しかしそれは、エックハルトとオッカムの一致を知らないからである。すなわち、エックハルトが「知性のはたらき」と考えていたものが、「神の直観」であったとすれば、それは偶然的なものであり、オッカムが考えている神の意志の偶然性と一致している。つまりエックハルトは、神の本質を、神の「永遠的存在」よりも、神の「直観」において理解しているのである。

たしかにトマスも、神の「直視」intuitus という「ことば」を口にしている。しかしながら、トマスは、神の知性のはたらきは、最高度の瞬時の「客観的はたらき」(抽象のはたらき)だと考えていた。このことゆえに、トマスにある「知性のはたらき」intelligere は、エックハルトが神について言う「知性のはたらき」intelligere とは、表記は同じであっても、中身は異なるのである。すなわち、一方は瞬時の「抽象」であり、その「抽象」は、ものごとを「普遍」としてとらえ、「永遠的存在」とするものであるが、他方、エックハルトのそれは、瞬時の「直観」であり、「個々の偶然的存在」をとらえるものである。したがって、この神の認識は、この世を、「今ここ」にだけ存在せしめる。

それゆえ、エックハルトが、神は、神の「主観的直観」そのものだと考えて、「神は知性認識そのもの」だと言ったのだとしたら、それはオッカムが考えていた「神の意志」と、実質的に同じである。なぜなら、「神の意志」は、「まったくの自由」であるから、偶然的にしかはたらかないからである。すなわち、オッカムによれば、神の意志は、この世を偶然的に愛し、また偶然的に存在せしめる。

したがって、同じくアルベルトゥス学派に属しながら、トマスは、神は「存在そのもの」ipsum esse だと主張し、それに対してエックハルトは、「知性認識すること」intelligere だと主張したことは、不思議なことではない。トマスは、アリストテレスによって「科学性」を信頼し、神に「普遍的真理」をもとめた。他方、エックハルトは、偽ディオニシオス、あるいは、アウグスティヌスによって、神の「主観的真理性」を信頼していたと、理解できるのである。それゆえ、中世スコラ哲学最後の段階で、ドミニコ会の博士エックハルトとフランシスコ会の教師オッカムは、表現は違っていても、実体としては同じ真理を見出していたと言うことができる。そしてそれを象徴するかのように、二人はほぼ同時期に、審問を受けるためにアヴィニヨン教皇庁に幽閉された。すでに長老であったエックハルトはそこで死に、オッカムは、逃亡して当時教皇と対立していた皇帝にかくまわれた。そしてその後のオッカムは政治論争に明け暮れる。

5 ヨーロッパ的「感情」の日本語表記の問題

以上のことから言えることは、中世スコラ哲学において、当初、十一世紀の末、「神の存在」は祈りの対象としては2人称の主観的存在として扱われつつ、3人称の客観的存在として論証が試みられたこと、それが十四世紀の初めに至って、ついに神はまったくの2人称の主観的存在として扱われるようになり、結果として「神の存在証明」(存在の論証)が失われ、中世の神学が終焉を迎えたこと、それが中世哲学の歴史である。

しかし、そのように言うことができたとしても、「主観性」は哲学の歴史表面にとつぜん出現したものではない。それは哲学の当初から哲学に特有の性格としてあるものである。むしろ哲学が科学性、客観性に傾いたのは、アリストテレス哲学によるものであった。それが中世の初期から神学に「科学性」を持ち込んだ。つまり神学者たちは、科学的であることが、確実な真理追求であるという考えにとらわれるようになった。

ところが、より根源的な主観的真理性は、科学性の名のかげに、いつまでも隠れていることはできなかった。結局は哲学の分析が主観の真理を引き出して、アリストテレスの名のもとにあった「中世哲学」を、切り崩してしまったのである。

これまで中世哲学史は、アリストテレスの哲学にもとづく哲学の歴史として一面的に描かれてきた。それゆえ、オッカムでその歴史が終わった理由を、哲学内部の歴史に見つけることができなかった。そのため、中世哲学が終わった理由を、教会の浮沈という外的原因の結果として理解する以外になかった。つまり教会の支配という中世世界が終わったから、中世哲学が終わったと言うほかなかった。そしてこのように中世を見がちであった理由は、もっぱらわたしたち自身が、客観的真理のみが正確な真理だという命題を、どの時代にも当てはまる絶対のものと、考えていたからである。

しかし、わたしたちが無自覚に真理の「客観性」にこだわるのは、わたしたちが「主観性」が起こす誤りを過大に見積もることと、表裏一体の偏見に過ぎない。つまり主観を語る文学は非科学的であり、科学こそが真理を語っている、という信念である。それは案外に、わたしたちの教育が自然科学の客観性を理想の真理と仰いで「科学技術立国」を目指しているからだと言える。わたしたちは長い学校教育の果てに、客観的真理を追究する真面目な科学者の「良心」に、心を占拠されているのである。

それゆえ、今ここでは、正確な哲学の吟味をするために、一見優しそうな科学者の「良心」の声には耳を塞ぎ、替わりに、ことばが示す真実に心を開いて、理解を進めなければならない。じっさい、中世スコラ哲学を正確に理解するためには、そこで使われている「ことば」の理解を正確にすることが何より必要である。なかでも意外なところで誤解を拡大している「ことば」がある。それは、哲学作品を翻訳するとき、訳者がぞんざいに扱ってしまいやすい「感情」にかかわる語である。日本語訳のとき、訳者が感情表現に注意を払わない理由は、おそらく、感情ほどどの国の人間でも共通なものはないと、一般に思われているからである。たしかに、文学作品においては、訳語による誤解は少ないと思われる。

しかし、文学作品において感情についての誤解が少ないのは、文学が、個別の具体的事態を描き、読者にそれを明確に示したうえで、つまりその場の状況を詳しく想像させたうえで、その場の人間の感情を理解するように、「ことば」を選ぶからである。具体的場面が描かれれば、その中に居る人間の感情は、同じ人間としてほぼ共通の感情をもつと期待できる。したがって、語られた感情表現のことばについて誤解が生じる可能性は、文学の記述においては少ない。しかし哲学の論述には、具体的場面の詳述が一般に無い。そしてそれだけ感情については誤解が大きくなる可能性がある。

なぜなら、哲学では、感情はつねに「一定のことば」によって表記され、理性的吟味の対象になるからである。つまり文学は、その場のそのときの登場人物の感情が想像できることが、作品が示す「ことば」の目標になる。そのために、感情表現に対して繊細になりやすい。しかし哲学では、感情を示す「ことば」がいきなり独立して取り上げられて、その原因ないし根拠が云々され、その正しさが吟味される。つまり哲学では、感情はその正確な描写ではなく、むしろ理性が吟味する題材として取り上げられる。したがって哲学における諸感情の表記は、翻訳を通じて誤解を産みやすい。

ことに「主観」の真理を問題にするとき、哲学も、そこに在る「感情」を背景として語る。したがって感情に関する誤解の有無は、ここで吟味しておく必要がある。ヨーロッパ哲学に出現する諸「感情」表記それぞれの意味を、確かめておかなければならない。哲学史からは離れるが、これもヨーロッパ哲学の理解を正確にするために必要な検討である。

6 ヨーロッパにおける「喜び」と「悲しみ」

ギリシア哲学の表記をラテン語に訳したことでは、キリスト紀元前第一世紀のキケロの仕事がもっとも早い。キケロは弁論家で有名であるが、晩年はギリシア哲学を正確にローマの人々に知らせるために多くの著作を残した。ワルロという人物もローマの哲学者として当時は多くの著作をしたらしいが、その著作は残っていない。そしてキリスト教会にとって聖人であるアウグスティヌスがキケロを好んだことから、わたしたちが読めるのはキケロの著作に片寄っている。

キケロは、プラトン哲学を高く評価したが、ストア哲学やエピクロスの哲学についても詳しく評論している。*4 なかでもわたしたちが知っておくべきなのは、キケロによれば、ストア哲学は、四つの論点で「神学」を語っていた。第一に神々が存在することについて、第二に神々がどのようなものであるかについて、第三に宇宙が神々によって管理されていることについて、第四に神々が人間界の出来事に配慮していることについてである。

のちに中世スコラ哲学は、十二世紀中頃にロンバルドゥスがまとめた「命題集四巻」を規準として神学を論じる。その四巻に当てられたテーマが、ストア哲学が挙げた四つの論点と類似している。そのままとは言えないにしても、ストアの「神々」が、キリスト教の「神と天使」

だとすれば、両者の論点の相違は意外に少ないと言える。

とはいえ、ストア学派の神学が中世スコラ哲学にどのような影響をもったかについて、まだ研究は進んでいない。しかしストア学派は、人間の心の在り様について、よく分析する。したがってヨーロッパにおける人間心理の研究は、ストア学派に由来することが多い。また、キケロは、当時知りうるギリシア哲学について、全般的によく学んでいたことは確かである。そして彼自身が語っているように、自国語のラテン語に対して強い美意識をもっていた。したがってキケロの哲学関連の用語のラテン語の選択は、セネカやアウグスティヌスなど、後世のラテン哲学者に大いに影響を与えた。

ただし、いくつかの語は、アウグスティヌスはキケロの訳語を採用していない。たとえば「つらさ」を意味するギリシア語「リュペー」は、キケロ訳では「辛苦」aegritudo だが、アウグスティヌスはラテン語訳聖書の訳語からと思われる「悲しみ」tristitia の語を採用している。また魂が何かに動かされた状態を意味するギリシア語「パトス」を、キケロは「動揺」perturbatio と訳しているが、アウグスティヌスはラテン語でほぼ対応する「受動」passio という語を選んでいる。おそらくキケロは、ストア学派のように、感情は理性を動揺させるものだと見ていたのだろう。

さて、この「パトス」（受動）が、一般に日本語では「感情」と訳される。しかしもとの意味は「心が何かに動かされた状態」を意味する。したがって、かならずしも感覚的、あるいは身体的ではない。じっさいオッカムは、「喜びや悲しみなどは知性に知られるものであって、けっして感覚的なものではない」と言っている。[*5] 中世スコラにおいては、感覚的で身体的な受動から生じるものには、たとえば「肉欲」concupiscentia ないし「欲望」cupiditas（キュピドの愛）がある。これらは、たしかに何かを受動したことによる反応ではあるが、喜びや悲しみという、理性が受け止める「受動」と区別される。

ところが、日本語で「感情」と言えば、「感覚的情緒」の意味で受け取られる。日本語の世界では、欲望も含めて、喜びも悲しみも「感情」である。この受け止め方は物体性と精神性という二元論的世界観をもたなかったストア哲学に対してならば、たしかに誤解は小さい。しかし、中世では、古代のキケロの時代よりも精神の優越性を強調するためか、あるいは、キリスト教によれば、死後、魂だけが身体から離れて神と会うことができるとされたことによって、あるいは、アリストテレスが受け継いだプラトン哲学の影響か、いずれとも言えないが、身体性と精神性を区別する理解が強くなっていた。じっさい、たとえばオッカムが言う「喜び」や「悲しみ」は、明らかに「理性的な心情」である。それに対して日本語の世界には、「理性的心情」という種類の「感情」はない。

また、キリスト教の「神の愛」は、ギリシア語で「アガペー」の愛（amor）だと言われる。しかしギリシア語「アガペー」は、ラテン語訳聖書では「ディレクタツィオ」dilectatio と訳され、この「ディレクタツィオ」は、日本語に訳されるとき、「喜び」と訳される。つまり

「喜び」というのは、キリスト教では、「感情」と言うよりも「神の愛」なのである。したがって、それは理性的なものだと見なされる。

さらに「神の愛」は、「カリタス」charitas の愛だとも、「感謝」gratia の愛だとも言われる。というのも、ラテン語「カリタス」は、ギリシア語「カリス」xaris のラテン語形であり、ギリシア語の「カリス」は、恩を受けて感謝する「喜び」を語ることばだからである。

そしてラテン語の「感謝の愛」amor gratuitus は、トマス・アクィナスの『神学大全』日本語訳では「無償の愛」と訳されている。「感謝」は、日本人にとっても、相手に償いを求めるものではない。それゆえに「感謝の愛」が「無償の愛」と訳されるのは、日本語の論理でも、たしかに間違いではない。

しかし、言うまでもなく、日本語では、「感謝」は愛の一種とは、一般に知られていない。「感謝」が、恩を受けたときの「喜び」だというのは、たしかに日本語においても十分に理解できる。しかし、その「喜び」が「愛」だという理解は、一般の日本人にはないだろう。ところで、「感謝」gratia は、もっとも平易なことばにすれば「ありがとう」である。スペイン人に「グラシャス、グラシャス」とニコニコしながら言われたら、「ありがとう、ありがとう」である。しかし「ありがとう」と言われて、相手から「愛されている」という理解をもつ日本人は、どれほど居るだろうか。

そのうえ、日本語の「愛」は、欲望をいくらか含んだ「感情」を指すことがふつうであって、

「感謝」と言えるような「好き嫌い」を超えた「無償の思い」（清浄な思い）を指して言われることは、通常、ないと思われる。つまり日本語の「愛」と、ヨーロッパ文化の中にある「愛」は、意味するところが一致しない。

また「愛」と言えば、日本人にとっては、「欲求」である。あとで触れるが、「欲求」は哲学では「意志」と訳される。しかしヨーロッパでは、「意志」と訳される欲求は精神的なもので、身体的ではない。したがって、身体的なものを含めて「欲求」ということばを使う日本人には、哲学書のなかの「意志」ということば、また、それと同じものを意味する「愛」ということばは、「不明瞭なことば」（よく分からないことば）として受け取られる。

また「悲しみ」tristitia は、さらにやっかいな語である。というのも、日本語の世界では「悲しみ」は「喜び」よりも深い意味をもっているからである。それが日本語の中で深い意味を持つ理由は、「切ない」思い、「申し訳ない」思いなど、胸を痛ませる思いを「悲しみ」と感じ取る文化を、日本は重ねて来たからである。この文化においては、「清浄な思い」、人に償いを求めない思いは、「感謝」であっても、むしろ「静かな悲しみ」として受け取られて、「胸躍らせる喜び」に分類されないことが多い。たとえば、新見南吉『でんでんむしのかなしみ』の中につぎのことばがある。「わたしの　せなかのからのなかには、かなしみがいっぱいつまっている」。このことばに、多くの日本人は、深い悲しみの感情を懐いて共感する。そしてこの「かなしみ」は、日本人とって、「深くて清浄な思い」である。

他方、日本で「感謝」、「ありがとう」(有難い)の思いは、相手から恩を受けているにもかかわらず、それに応じた恩返しが十分にできない「申し訳なさ」を含んでしまう。そのために、感謝は、純粋な喜び(手放しの喜び)にはつながらない。仏教において、神の愛に対応する愛は、「慈悲」、「大悲」と言われる。それは日本語では、喜びに満ちた思いではなく、むしろ「悲しみをたたえた思い」である。

たしかに最近の欧米化した日本の世情では、ボランティアの「喜び」など、キリスト教的神の愛を、「喜び」として経験する日本人が増えている。そしてその思いは、罪のない欧米流のスポーツ観戦に胸躍らせる経験とともに、一般の人々の生活に行き渡り始めている。じっさい、或るアメリカ人から、日本人についての感想として、かつてわたしは聞いたことがある。その人いわく、「むかしは都会でも、多くの人が「悲しみ」をたたえた静かな顔つきをして電車のつり革をつかんでいた」。

しかし今では、多くの日本人が、スマホ片手に「喜び」や「苦虫をかんだ」顔つきをさらして都会の街路を闊歩している。

しかし、清浄な思いの中に「悲しみ」があるという「ことば」の文化は、日本では根強いものがある。仏の悟りを勧める経典を開くのは、たいてい、日本では人の死に出合ったときである。つまり人の死に出合うときこそ、仏教を学ぶときだと、日本人は長く教えられてきた。他方、神に対する清浄な思いなかに「喜び」があるという経験は、キリスト教では旧約聖書の

「詩編」のうちに、じつに盛りだくさんに見られる。

「喜び」に満ちた結婚式はキリスト教会で、という認識は、現代では広く日本人が共有している。しかしそれでも、欧米流の「喜び」は、まだ十分に日本文学に取り上げられるようになっていない。じっさい、詩や歌の「ことば」となっているとは言い難い。それゆえ、古くからの蓄積をもつ日本文化、それを背景とした日本語のなかに、ヨーロッパのキリスト教の要と言える「神と一致する精神的で清浄な喜び」という「愛」の感情が十分な場を占めるまでには至っていない。

しかし、逆に言えば、ヨーロッパ文化のなかでは、「悲しみ」が深い意味を得られずにいる。じっさい、アウグスティヌスは、「悲しみ」とは「望みが叶えられないことから心に生じる受動」であると定義して、*6 それ以外の心情の深みを考えていない。*7 反対に、アウグスティヌスは「喜び」に対しては、「享受する」という心の清浄な受け止め方を語る。すなわち、拒絶するのではなくそれを受け入れ、心が安らかになる態度を、「喜び」として語る。

この「享受する」frui という言葉は、「果実（フルーツ）を得る」ことを、もとは意味する。つまり甘い果実を、静かな喜びをもって深く味わう意味である。そしてこの「享受」という言葉は、アウグスティヌス、及び彼に続く中世スコラ哲学において、信仰の重要な態度として扱われ続けた。ドゥンス・スコトゥスも「享受とは、喜びの安らぎ、あるいは、喜び delectatio、ないし、休息 quietatio」と語って、「安らかな喜び」を味わうことを、「享受」という「ことば」に見ている[8]。
　ところが、「悲しみ」については、中世スコラ哲学に、その種のことばはない。すなわち、ラテン語には、「悲しみのうちに安らぐ」ということを意味する「ことば」は、いっさいない。ヨーロッパでは、悲しみはむしろ「苦痛」として受け取って、拒絶する（怒る）態度のみがある。そしてそのために、キリストが懐いた「悲しみ」という聖書の記述については[9]、じつはアウグスティヌスにおいても[10]、その後の中世スコラ哲学においても、屁理屈めいた説明のみがあって、納得のいく説明がまったくないのである。言い換えれば、だれも説明できないのである。簡単に言えば、哲学者たちにとって、「キリストの悲しみ」は「意味不明のことば」なのである。

　さらに、現代の欧米人には聖書にキリストが「笑った」記述の無いことが不思議なのだと、先に触れたアメリカ人から個人的に耳にしたことがある。若い頃、そんなことを聞いて頭の中が疑問符だらけになったことを思い出す。日本人なら、聖書に「キリストの笑い」があったら、かえって「気味が悪い」と思うに違いない。

　それに対して、日本には、「悲しみ」に対して、それを拒絶するのではなく、心の芯に受け入れて（諦めて）、心を穏やかにする文化がある。なぜなら、それが「悟り」に至る道だと、日本人は教えられているからである。したがって「死」という「悲しみ」を受け入れるとき、日本人の心は、他の国の人に見られるように、激しい嘆きを覚えて怒りだすのではなく、むしろ悲しみのうちに心の静謐さを知る習慣がある。

そのために、日本では災害が起きてたくさんの人が死んでも、外国人が驚くほど騒乱には発展しない。むしろ死を身近に感じて、欲を捨て、清浄な思いにとらわれて、いつもより礼儀正しく生きようと努める。そしてこの文化は、わたしたちにとって、古き良き日本仏教を理解する基盤である。

他方、ヨーロッパのキリスト教文化には、「喜び」に対して、それを表面的に受け取って浮かれ騒ぐのではなく、それを心の芯に受け入れて（享受して）、怒りを忘れ、心を神に向ける（神に感謝する）文化がある。この文化を知ることは、わたしたちにとって、古き良きヨーロッパのキリスト教文化を理解するための重要な道になる。

それゆえ、この喜びの深さと、悲しみの浅薄さが、現代にまで及ぶヨーロッパ文化の基盤を成していて、それが中世において思索的基盤を得ているのである。このことを考えれば、中世のみならず現代にまで及ぶヨーロッパ文化をわたしたちが深く理解するために、これらのことばの理解が重要なカギになることは、確かなことだろう。

7　中世哲学のなかのアウグスティヌス哲学

十二世紀の末から十三世紀に訳された「アリストテレス」は、たしかに西ヨーロッパの人々から高い評価を受けて即座にスコラ哲学に偉大な盛期をもたらした。しかし、キケロその他を通じて「アウグスティヌス」がラテン語圏に伝えたギリシア哲学全般の訳語のほうが、じつは中世スコラ哲学を構成する重要な用語となっている。なぜなら、十三世紀のアリストテレスは、被造物の自然学的側面を補完したことで重要であったが、あくまでも自然学とそれに続く形而上学、および形而上学的神学に大きく寄与しただけだからである。道徳的な「神と人間」の側面では、圧倒的に「アウグスティヌス」が、中世神学の中核である。

ところが、日本のわたしたちがヨーロッパから教えられた中世は、「アリストテレス科学の中世」であった。つまり科学産業で栄えた近代ヨーロッパが、明治期に世界に船出した日本に紹介する哲学の歴史は、栄えある近代科学を生み出した哲学の歴史だったのである。道徳性は、宗教的か、あるいは、個人的であると見られて、比較的些末なことがらとして扱われた。そして日本の学者の多くも、それを率直に受け取って、日本に紹介して来た。

そのために、中世神学についても、「アリストテレスの形而上学に湧いた中世」に片寄って日本に紹介された。しかし中世神学についてのそうした理解は、キリスト教会が支配した中世の全体を、むしろ理解できないものにする。なぜなら、本来の中世神学は「アウグスティヌスの神学」だからである。つまり、アリストテレス、アウグスティヌス、イエス・キリスト（新約聖書）という三名の古代の「雄」が、中世ヨーロッパの精神世界をつくったという事実を、偏りなく見なければならない。

そのアウグスティヌス流の神学は、じつは「主観的真理」を追究する。すなわち、「わたし」が「わたしのはたらき」において見出す真理を追究する。アウグスティヌスが自分の心の変遷を書いた『告白』は、日本でも名著として知られる。[*11] しかし、日本では、それはヨーロッパの「文学的記念碑」として受け取られがちである。日本には日記文学から生まれた私小説が文学のジャンルとしてあるからである。しかしアウグスティヌスの『告白』は文学作品というよりも哲学的自伝である。哲学による主観的真理追求の始動を物語っている。じっさいそのために、『告白』には有名な哲学的「時間論」がある。

ところで、「主観」を構成する基盤は、その主体のはたらきと、そのはたらきを受けて動く心の状態である。主体的はたらきとは、個別の理性とか、意志のはたらきである。ヨーロッパ哲学では、感覚的はたらきは身体器官のはたらきであり、物体的反応に過ぎないと理解される。したがって感覚的な心情は自発性をもつ主体的はたらきとは、一般に見られない。つまり「わたしは」と、主体を提示して言えるはたらきは、理性や理性をもった意志のはたらきである。そして主体的はたらきを受けて動く心の状態が、前述した「喜びや悲しみ」という「受動」である。また「わたしの」直観、抽象による「認識」も、理性のはたらきを受けた心の状態である。

他方、「3人称」で代表される「客観的認識」というものは、一般に、複数の個人の認識に科学的方法（3人称的普遍化、数値化、等）を当てはめて、当代の科学者集団が「科学」の名で構成した特殊な認識である。すでに述べたように、わたしたちはそれを「科学的真理」の名で、学校で習っている。

それに対して「主観的真理」とは、「わたしは」で始まることがらが他者の「わたし」にも通じて、「真である」ことである。この主観的真理においては、「真であること」はつねに「正しいこと」であり、つねに「善であること」である。すなわち、主観的真理においては、真理と道徳性が一致する。したがって反対に、主観的真理において「偽であること」は「不正であること」であり、「悪であること」である。

他方、3人称の「客観的真理」においては、真であっても、善でないことがある。あるいは、計算は正しくても、悪いことがある。すなわち、客観的真理においては、真理と道徳性は一致しない。

したがって主観的真理と客観的真理の二つの真理を混同するとき、道徳に関する混乱が起こる。一般に、訳知り顔で善悪を語るとか、真偽を語る人は、この二つを一緒にして自ら迷路にはまっている。一流の学者でも、このために客観的真理を取り上げていながら善悪を語り、真理と善悪が分からない議論に陥ることがある。

「科学」が対処するのは、客観的事実の真偽だけである。他方、人間が実際に科学を用いるとき、その人間の行為は、どれほど広範囲に及ぼうとも、特定の現場をもたなければならない。したがって、科学使用の行為は、必然的に個人的で個別的なものである。そして、どれほど素晴らしい技術によることであっても、行為は個人を主体とする行為であり、それぞれの個別の場において、それは必然的に主観的真理の問題となる。つまり、科学の使用は、使用における真偽の問題がそのまま善悪の問題になる。このことを混同せずに理解しなければならない。人は、科学の高度に客観的な真理性と道徳の主観的真理性を混同しがちなのである。

ところで、古代の末、西ローマ帝国末期の不安のうちに生きたアウグスティヌスが、主観的真理を追究する動機は「この世の悪」であった。この世をつくった神が善であるなら、なぜこの世に悪があるのか、という問題である。じっさい、この問いがあったために、アウグスティヌスは善悪二神のマニ教に反論できず、キリスト教徒になることを一時、躊躇したと言われる。したがって、アウグスティヌスがキリスト教徒になった大きな理由の一つが、彼が哲学を学び、この問題を哲学的に考察する道を得ることができたからだと、考えられる。

8 ——「意志」と「選択」の自由

アウグスティヌスが「この世の悪」の問題を考察することができたのは、キケロから「意志」voluntasと「選択」arbitriumという語を、学んだからだと思われる。この二つの語の由来は、おそらく、アリストテレス『ニコマコス倫理学』第三巻第二章の「願望」(ブーレーシス)と「選択」(プロアイレシス)という二つの語である。ただしアリストテレスにおいては、「願望」が思案し、「選択」が判断すると言われている。それに対して、アウグスティヌスでは、自由な「選択」において神に背いた「意志」が悪となると言われている。[*12] ただし、アウグスティヌスの論述も、アリストテレスの論述も、じっさいの論述は、二つの語がどのように区別され関係づけられるか、明快さを欠いていて、二人がそれぞれどのような結論を得たか、じつは何も言えない。

とはいえ、この二つの語が、中世において「主観的真理」が考察されるとき、重要な役割をもったことは、確かである。

なぜなら、アリストテレスとアウグスティヌスの両者において、「理性」はもっぱら「抽象」によって3人称の客観的真理を見出す能力として考えられており、そのために、「理性」のみでは「主観的真理」を考察することはできなかったからである。

じっさい、「主観性」は、「直観的自発性ないし主体性」によってものごとを見ることであり、それに対して「客観性」は、「抽象的対象性」によって見ることである。そして自発性は、実際的行動へと移る「実践性」をもつ。この実践的局面において、はじめて正義、不正義、善、悪が言及される。しかし「自発性」は、受動性によっては説明できない。ところがアリストテレス流の理性は、対象を受け止めて認識を得る「受動的理性」である。したがって、主観性の根拠となる「自発性」は、アリストテレスの「理性」によっては説明できない。それゆえ、アリストテレスにおいては、普遍的真理を考察する「受動的理性」とは別の、自発的「欲求」（願望）を前提にしなければそれらは説明できない。それゆえ、「主体的な考察」（思案）は、「願望」によって起ると、アリストテレスは説明しているのである。言うまでもなく、「主体的考察」とは、実践の場面での「実践的考察」であり、その考察をするのは「実践的理性」という、特別の理性である。言い換えると、アリストテレスの実践理性とは願望である。

またアリストテレスでは、本来の「理性」は、その完全性において、「対象化された客観的真理」のみに向かう。したがって「主観的真理」が語られるためには、誤りも犯す個々の具体的な理性を前提にしなければならない。それは、完全な意味での「理性」ではなく、個別の「不完全な理性」でなければならない。それゆえ、総括すれば、善悪と一致する主観的真理を考察するためには、「不完全な個々の理性」とともに、個々人の「欲求」を前提にして考察することが必要であった。つまり、こうしたことを併せて、アリストテレスは「願望」（ブーレーシス）を主体的に思案する根拠（実践理性能力）と見たのである。

時代は数百年下って、ローマのキケロが「ブーレーシス」をラテン語の「ウォルンタス」voluntasと訳したとき、アリストテレスの「ブーレーシス」は、もはや思案するものではなく、たんなる「欲求」の意味になった。なぜなら、voluntasは、動詞volo「わたしは欲する」の名詞化だからである。（英語のwantの名詞化と等しい）。日本語では「意志」と訳される。ただし、「意志」と呼ばれる欲求は、食欲などの感覚的身体的欲求ではなく、理性のはたらきと「馴染む」（合致する）欲求である。その点で「意志」は感覚にもとづく欲求とは区別されるが、とはいえ感覚的欲求と理性的欲求は、いずれも欲求であり、自発性である。それゆえ、この二つの欲求の実際的場面での区別は困難である。つまり「わたしの愛」が、身体的か精神的かの区別は本人にしかできない。

他方、アリストテレスが「選択」を意味して用いた「プロアイレシス」がラテン語「アルビトゥリウム」arbitriumに訳されたとき、それは「個々の理性が思案して自分に都合の良い（恣意的）判断をする」意味で受け取られた。すなわち、完全な理性のはたらきではなく、個々人の「不完全な理性のはたらき」である。つまり「選択」は、不完全な個別の理性（実践理性）のはたらきである。それゆえアリストテレスにおいては願望も選択も同じ実践理性の異なる側面であったが、両者はそれぞれ「意志」と「理性による判断」と区別された。一方、「自由」libertasは、理性をもつ者に特有のものと考えられていた。そのために、「自由」は、「意志」

（欲求）についてよりも、不完全ではあるが理性のはたらきである「選択」について言われると考えられた。

したがって、アリストテレスにおける「願望」と「選択」は、「意志」voluntasと、「自由選択」liberum arbitriumと翻訳されて、初期から盛期中世までは言われる。*13

以上のことは、古代の末にアウグスティヌスに受け取られ、アウグスティヌスからいくぶんかは中世のアンセルムスに伝わっている。

9 アンセルムスの『真理論』

アンセルムスはアリストテレスの倫理学書に触れる機会をもたなかった。それゆえアリストテレスにならって実践理性を理論理性から区別する考察はしていない。したがってアンセルムスは、理性は客体の真理にも、主観の真理（実践的真理）にも、関わると見ている。

アンセルムスは、『グラマティクスについて』で「ことばの吟味」を示したのち、『真理について』で、文字通り「真理」を論じている。*14 そしてその中で、命題（真理文）の真理を、命題の外との関係を入れた場合と、入れない場合で分けて、いずれにも「真理」があると述べている。つまり命題の内容が、外界の事実と合っていることを含めて正しい場合と、外界の事実とは一致していないが、それでも外界とは無関係にその内容が正しい場合があり、そのいずれの場合も、命題は「正しい」、「真である」と言われると、言う。

たとえば「日中である」という文は、じっさいに日中であるとき、そのときのみ、外界の事実を正しく表しているゆえに真であるが、じっさいに日中でないときにも、それ自体としては間違った文ではない。なぜなら、「日中である」ことは、ありえないことではないゆえに、たとえばそれが手紙に書かれていたとき、それを読む人が、「今は夜中だ」と思っても、書かれた手紙が虚偽だとは、言わないからである。そしてこの広義の真理観は、客観的真理だけでなく、主観的真理を「真理」veritas のうちに入れる道を拓いている。なぜなら、「日中である」という文は、外界の「偶然的事態」を表示する文だからである。すなわち、それは実際に真理である場合でも、偶然的真理であって、「人間は動物である」という普遍命題のような必然性を、その真理はもたないからである。

したがって、ここには、或る偶然的事態を表す文が、ときに外界の事実と合わないために真理ではない、ということがあるが、ときには外界の事実と合うのだから、それ自体としては間違いではない（真理である）、というアンセルムスの視点がある。そしてこれは、「わたし」の個別的事態においてある主観的ことがらにも、「真理」がありうることを明らかにしている。なぜなら、「わたし」の個別的事態は、3人称の客観的視点から見れば、つねに偶然的なことがらであり、偶然的ことがらには真理の必然性、普遍性がないという理由では、一般的に、真理とは言われない。しかしながら、偶然的事態をあらわす文にも、ときに真理と判定される余地があるとすれば、主観的ことがらにも「真理」と判定される余地があることになる。

すでに述べたように、直観による主観的個別の経験は、むしろ客観的認識の根拠である。すなわち、客観的認識は、主観的経験がなければ、むしろ「真理」の根拠をもたない。それが、中世末期のオッカムが示した真理であり、その実際的結果が、ガリレオの個人的経験にもとづく近代科学の成立である。したがって、この視点から見れば、客観的真理の根拠は「客観性」にあるのではなく、客観的真理の根拠は「主観性」が出合う経験的真理にあると言える。しかし、アンセルムスが偶然的命題の真理を、真理の根拠をさぐるための事実として取り上げる理由は、彼が客観的な真理の根拠が主観的真理に在ると知っていたからではない。

なぜなら、まだアンセルムスの時代には、真理の根拠を「客観性」に置くことが、むしろ当然の理解（社会的習慣）だったからである。ところで、一般に客観的真理と見られたものは、普遍的で必然的な真理であった。それゆえ、客観的真理には、真理でないときがなく、そのためにかえって「真理」であるときの条件が、経験的に見出しにくい。その条件を見つけるためには、スコトゥスが見つけた「直観」の視点が必要になる。つまり客観的真理も個別の経験的根拠が条件になることは、直観の視点があってこそ見いだされる。アンセルムスには、それがなかった。

そのために、アンセルムスは、命題の真理について検討するとき、必然的命題よりも偶然的命題を取り上げて、それが「真理」である「特別なとき」の状態を、「真理がある」ことの定義をつくる根拠にしたのである。すなわち、つねに外界と一致していることが明らかな必然的真理はいちいち外界との一致を確認する必要がないと、一般に考えられていた。そのために、真理とは何かを見出すために、彼はむしろ一致が確認できることもあれば、できないこともある偶然的命題（たとえば、「日中である」）の真理を取り上げるのである。

そしてこのことを端緒にして、次にアンセルムスは、感覚的なことがらにも「真理」があることを導き出す。のちにスコトゥスが見つけた「直観」は、「感覚」を知性が受け止めるものであるから、アンセルムスの目の付け所はスコトゥスのそれと紙一重と言える。そして感覚される真理なら、それは主観的真理である。

アンセルムスは、感覚されるものを含めて「存在するものはすべて、それが最高真理のうちに在るものであるかぎり、真に存在する」と言う。ところで、「真に存在する」verum esse は、「真理である」veritas est と、言い換えることができる。そして、言うまでもなく、最高真理というのは「神」のことである。そして「神」は「真理」なので、ここには何の矛盾もない。ところで、「神のうちに在る」とは、「神が在るべきと認めて、在る」ことを意味する。つまりそれは「神の主観的意志」が存在させている。ここで「神」は、現実の「宇宙」universe という「普遍」universal を、その「意志」によって作り出した創造者であるから、それ自体は「主観」である。そしてその「主観」が、「宇宙」という「客観」の根拠である。

彼が試みた「神の存在証明」は、この「客観の根拠」の存在証明だった。

したがって、アンセルムス自身は、客観的真理と主観的真理の違いに気づいていない。おそらくそれゆえに、ガウニロの持ち出した「島」の概念は、アンセルムスを鋭く批判する。なぜなら、「島」の概念は、事物の概念であるために、3人称の普遍的概念をわたしたちの心に懐かせるからである。そのために、その「大きさ」は、物差しを当てて測ることができる3人称の「大きさ」である。それに対して、アンセルムスが神の定義のうちに入れた「何か」は、2人称の概念を含む。じっさいアンセルムスが用いた絵画の例において、心の内にのみある絵画は、主観的概念であり、物差しで測れる大きさをもたない。一方、出来上がった絵画は、事物存在である。それゆえ、それは「島」と同じく客観的存在であり、物差しで大きさを測れるものだと見られている。

しかし、「神」は、じつのところ、それ自体、たとえ客観の根拠であっても、客観そのものではない。なぜなら、神は、じっさいには「一個の精神」だからである。「一個の生きて在る精神」は、まさに「一個の主観」である。なぜなら、「自発性をもつ主体存在」だからである。それゆえ、それは宇宙において最高のものであっても、「客観」ではなく、一つの「主観」であり、それが「在ると認める」ものは、「主観的真理」である。

アンセルムスは、神の意志の真理を語ることで、自身も気づかぬうちに、いつのまにか主観の真理へと議論を導いている。

そしてまた、神が「在ると認めているもの」は、神が自身の意志で創造したものであるのだから、事物として「現に存在する」と言える。しかしこの場合にも、「現に存在する」という意味は、「わたし」にとってであって、必ずしも3人称の客観において、という意味にはならない。

他方、人間が現に存在するものを最初に認識するとき、認識器官は感覚である。たしかに感覚は誤った判断を引き起こしやすいが、それは感覚自体の誤りではなく、それを判断する理性の誤りである。それゆえ、「わたし」の感覚であるかぎりは、感覚は主観的である。そしてその感覚にも、理性によって真理があると認められる。なぜなら、わたしの直観は、「わたし」にとって自明だからである。そして感覚に真理があるのなら、理性の主観にも真理がありうる。

以上のように、アンセルムスは、実質的に主観的真理にたどりついている。

わたしが示したこの推論は、アンセルムスの『真理論』の対話のうちに明示されているわけではない。しかし、その対話のうちに、彼は「真であること」(真理)が「正しいこと」(rectitudo：まっすぐさ)と同義であることを確かめつつ、個人の思考(「在る」ものを「在る」と考える)のうちに「真理」があることを明らかにしている。またつづけて、個人の意志(意志すること)のうちに「真理」があることを明らかにしている。さらに個人の行為(行うこと)のうちにも「正しいこと」があり、「真理」があることを明らかにしている。

これらの真理は、つまり「考える」ことも「意志する」ことも「行う」ことも、精神的「主体」によってなされることである。すなわち、どれも「わたし」が行うことであり、それゆえ、どれも個人的で「主観的」なことがらである。それらのすべてにわたって、アンセルムスは「真理」があると言っている。なぜなら、それらのすべてに「正しさ」、すなわち「まっすぐ」あるいは「直さ」があるからである。*15

そしてさらにアンセルムスは「正義」iustitia は、意志することの「正しさ」rectitudo であり、一般社会から称賛されることであると言う。ところで、「一般社会からの称賛」を正義の定義のうちに入れることは、正義は、アンセルムスによれば、「主観的な正しさ」のみならず、「公共性」を含むことを意味している。

じっさい、ラテン語には「正しい」を意味する語が二語ある。一つは「レクトゥス」rectus（英語の right）、もう一つは「イウス」jus（英語の just）である。個々人の主観的正しさにおける「正しさ」は、英語で言えば「ライトの正しさ」（ラテン語では、rectitudo の正しさ）であり、法律にもとづいて裁判所が規定する公共的正義は、「ジャスティスの正しさ」（ラテン語で言えば、iustitia の正しさ）である。この区別をアンセルムスはしていないが、彼の論が、それでも公共的正義の根拠を主観的正義（心の直さ）に置いていることは明らかである。

ところで、公共的正義とは、「法律」である。それは社会が個々人の生活を守るために規定する正義である。わたしたちは、法律が人を処罰する根拠となっているのを見て、法律の方が個人の正しさを判別すると勘違いしてしまいやすい。しかし事実としては、個人の正しさ（直さ）のほうが、法律を作り、修正することによって、個人の生活を守る法律が実現するのである。この理解は、近代ヨーロッパが社会を築くとき、大きな役割を果たした。すなわち、ヨーロッパは近代に「個人の正義」（ライトの正しさ）を根拠にして、「社会の正義」（ジャスティスの正しさ）を規定する「法律」をつくり、それによって社会制度を構成したのである。それが「人権」という個人主義の立場に立つヨーロッパの近代民主主義だった。この特徴的な民主主義が、中国その他のアジア圏に理解されないことが、今日でも深刻な政治対立を生んでいる。したがって、ヨーロッパの人権尊重の民主主義を理解するためには、中世哲学の理解は、じつは欠かせないのである。

しかし、それはそれとして、以上のようにして、アンセルムスは、中世の初期段階で主観的真理を語るための「ことば」の地平を調えていた。

10―アンセルムスの『選択の自由について』

キリスト教神学において、人間の自由意志と神の摂理、言い換えると、人間の自由と過去から未来永劫にわたる神の世界統治との間には、解けない問題が横たわる。すなわち、神が絶対的に世界の出来事を未来永劫、決定しているのなら、人間に自由はなく、人間の罪も、結局は神の定めたことに過ぎないと、結論するほかない。しかしそうだとすれば、自由を前提にしている人間の道徳など、土台からして無意味である。

じつはこの問題も主観的真理と客観的真理の地平を区別すれば、端的な矛盾は避けて考えることができる。なぜなら、言うまでもなく、人間の自由意志は主観的なものであり、そしてそうであるからこそ、罪の問題がある。なぜなら、罪は個人的なものだから「わたしの罪」であり、それは「わたしの自由意志のはたらきの不正」によって在るものだからである。

それに対して、神の世界統治は、客観化されて（客体として）考えられている。なぜなら、それが客観化されていないとすれば、世界の統治も、世界の存在自体も、神の意志（主観）によって偶然的に左右される一時的なものでしかないはずだからである。そしてそれが実際には神の自由意志のもとにあるとしたら、それはむしろ将来にわたって「決まっていること」ではない。なぜなら、「自由になる」ことは、「決まっていない」ことだからである。また、人間が神の意志（神の主観）を客観的に知ることは不可能なのであるから、それと人間の自由意志との間に客観的に矛盾があるかどうかも、人間に分かることはありえない。

他方、主観と客観の区別をつけて考えるなら、神の主観によってつくられる世界は、客体として、永遠的に動かない（変化しない）世界ではない。なぜなら、「主観」は、「主体」の存在を前提にしているから、神が「主体」の意味をもつなら、それは「客体」ではない。すなわち、「神」は3人称であっても、「彼」とか「彼女」と同じように、「生きて在る主体」であると意識されるなら、それは文字通り、「主体」であって「客体」ではない。そして「主体」は、自発性をもつかぎり「自由」である。したがって、それは「規定されない」。ところで、一定の規定がないものは、「偶然的」でしかない。そして偶然的なものによって作られるものは、偶然的なものでしかない。

したがって、宇宙は、普遍的必然的原理によって支配されているものではない。なぜなら、生きて在る神の主観は、神が生きて在るままに、自由であり、そのときどきのものだからである。主観の存在に客観を測るための客観的尺度を当てはめることはできない。すなわち、客観的時間の尺度は、神に当てはめられない。客体的に永続するかどうか分からないのが、生きて在る神である。この神について語ることができるのは、主観的尺度による「ことば」だけである。それゆえ、神には、客体的な「永遠」は語れないが、主観的な「永遠」、つまり「今」であると同時の「永遠」を語ることはできる。そして、主観についてだけ善悪、正、不正が言えるのであるから、生きて在る神については、「善」と「正」が、あるいは、「美」を言うことができる。そして、主観的には、神の意志と一致している人間の意志は、美であり善である。そして一致していなければ、悪であり醜である。

しかし実際には、主観と客観の区別とその関係は、アンセルムスにも、中世の哲学者たちにも理解されていなかったから、この問題は、つねに神学者を悩まし続けていた。そして、良識的な神学者は、人間の自由と行為の責任は人間にあるとしながら、神の絶対的支配を認める道をさがしつづけていた。

アンセルムスの『選択の自由について』は、この問題を解く試みである。

言うまでもなく、アンセルムスには聖書が教えた「人祖」の歴史がはじめにある。すなわち、人間の創造以前に天使が堕落して悪魔が生まれていた。そして人祖アダムは、蛇に身をやつした悪魔に誘惑されて禁断の実を食べて原罪を冒した。原罪をもった人間の意志は、自分では「真の自由」を取り戻すことができない。アンセルムスは、キリストは「洗礼」によって人間の意志が原罪ゆえに自由を失っている状態を「治癒」して、神に向かう「正しさ」を取り戻すことができるようにしたのだと、教会の教義に従って理解した。

とはいえ、アンセルムスは、人間は原罪によって「自由」をもつ「能力」まで失っているのではないと言う。ただ原罪が障害となって、自由な能力がその自由を発揮する力を、事実上奪われているだけだと見る。つまり人間の意志は原罪ゆえに神（自由の根拠となる真理）を見失っているが、だからと言って神を見出す希望（願い）をまったく失っているのではないと、アンセルムスは見る。

そしてこの障害の状態を、つぎのような例で彼は考える。すなわち、(1)視覚能力が、(2)眼球のレンズを通して、*16 (3)太陽の光のもとで、(4)遠くの山を見る。これらの条件の内、どの条件が欠けても、山は見えない。すなわち、一つ、太陽の光の下に山がある。一つ、人間は視覚能力をもっている、しかし原罪ゆえに、一つ、眼球のレンズに障害がある、その一つのために、山が見えない状態だと考える。そしてこのとき、眼球のレンズは、視覚能力、すなわち、見ることができる能力がもつ「道具」である。そしてこわれた「道具」は、直せばよいだけである。そして信仰はその「直す力」である。

「人間」をこのように理解したうえで、アンセルムスは、神によって人間に与えられた生来の能力には問題がないこと、つまり神は「善いもの」を創造したと、主張する。そして悪魔の誘惑によって人間の意志はその与えられた能力で正しさを守ることができたにもかかわらず、それを放棄してしまった、それゆえ、意志は正しさを失い、同時に、それが可能にしていた「選択の自由」を失ったと、説明する。ただし、悪魔の誘惑は直接には「選択の自由」を奪う誘惑である。意志の能力そのもの（神が作った善さ）が奪われたのではない。なぜなら、「選択の自由」は、不完全な個別の理性の自由な判断であり、この理性は悪魔が示す「便益」に誘惑され、それを選び、その結果として、「正しさ」を守る意志のはたらきが失われているからである。

ところで「ことば」の上では、或るものを「欲する」volle と「欲しない」nolle は、「意志」voluntas の二様のはたらきである。二様のはたらきがあるとはいえ、それらは、「選択」arbitrium のはたらきではない。なぜなら、或る一つのものを、欲するか欲しないか、好くか嫌うかは、あらかじめ二つが選択肢として与えられたうえで、どちらかを選ぶ、というはたらきではないからである。たしかに、はたからみれば、意志は、二つのうちの一つを選んでいる。しかし、それは客観的に見れば、のことである。当の意志自体は、どちらか一方であるのみである。あくまでも意志自体は、欲するか欲しないか、いずれかのはたらきだけを、もつかどうか、である。意志は、その一方を「選んでいる」のではない。たとえば一目ぼれのとき、人はほれる前にほれるかどうかの選択をしていない。

ところが、アンセルムスは、悪魔の誘惑を前にした「選択における自由」を、客観的にとらえて、「人間の意志」に突きつけられた「選択的課題」と捉えた。そのため理性の働きである選択と、意志の二様のはたらきは、アンセルムスの論述において明確に区別して論じられず、そのため、彼の論は非常に分かりにくいものになっている。

しかし、「判断」は肯定・否定の「選択」であり、そして「判断」iudicium は、本来、理性のはたらきであった。したがって選択的判断は、意志のはたらきではない。ところが、アンセルムスの複雑な論述によって、肯定と否定という二つの「選択」に関する自由と、欲する欲しないという「意志」の二様のはたらきは、区別されない傾向が生じた。

これまでの説明は、読者の理解を混乱させているに違いない。しかしそれは、この説明が間違っているからではなく、歴史のなかで生じた「ことば」の混乱によるのである。じっさい、おそらく、このことによって、近代のデカルトは、「判断」は理性によるものという中世の伝統を見失って、「判断」は、自由な「意志」によるものだと考えたのではないかと、[*17]わたしは推察する。

そしてそれより以前、アンセルムスからアウグスティヌス流の神学を受け継いだ中世後期のドゥンス・スコトゥスは、デカルトに先立ち、「自由」をもっぱら、「欲する」、「欲しない」の違いに見た。スコトゥスは理性による「選択の自由」という概念をもたない。スコトゥスによれば、理性は、明確な根拠にもとづいて、必然的に判断する（つねに真理のほうを選択する）だけである。つまりスコトゥスにおいては、「理性」は、つねに必然的な判断力という「完全な理性」である。

他方、スコトゥスによれば、意志は自由である。意志は、それ自体が「欲する」、「欲しない」のはたらきを自由にもつ。ただし、すでに注意したように、意志は「選択」する（判断する）のではない。つまり意志がその二つを前にしてどちらのはたらきをもつか決めるのではなく、意志はただ、直接に、そのいずれか一方のはたらきだけを、偶然的に、あるいは、自由に（自発的に）、もつだけである。もしも、意志が欲するかどうか、決まらずに選択の思案が始まるとしたら、それは、スコトゥスによれば、意志が「正義」を失っているからである。

「正義」というのは、アンセルムスが述べた「正直（せいちょく）」（心の直さ）である。人の心が、神が作ったままに「まっすぐ」であったなら、その意志は、欲するべきを欲し、欲すべきでないものを欲しない。ここには、あらためての判断はない。ところが、さまざまなことによって、心にゆがみが生じているなら、欲すべきものを欲することに躊躇し、欲すべきでないものに、人の心は惹かれる。このときは、哲学の吟味によって、つまり理性の吟味によって、欲すべきかどうか、人は思案し、正義にのっとって判断しなければならない。したがって、「迷い」は、意志の迷いであっても、それは「正しい意志」の迷いではない。正義をもたない意志の迷いである。ところで、「自由」をもつことは「正義」である。したがって、正義をもたない意志の思案、同じく、その判断は、真の自由ではない。

スコトゥスは、「自由」を「正義」であると考えている。したがって、意志に在る「自由」は、思案する（選択する）自由ではなく、欲すべきものを欲し、欲すべきでないものを欲しない「正しい欲求」の自由である。それがスコトゥスにおいて「意志の自由」と呼ばれている。この自由は正しい「わたし」の自発的（主体的）自由である。

したがって、この歴史的起源からすれば、わたしたちが「自由意志」という概念をもつのは、もっぱらスコトゥスからである。じっさい、トマス・アクィナスによれば、「自由」はもっぱら理性（知性）による「選択の自由」であり、意志の自由ではない。自由に関するこの立場の違いを、「主意主義」voluntarism と「主知主義」intellectualism という。したがってこの二つの主義は、本来、意志と知性のどちらを重んじるかの違いではなく、*18「自由」をはたらかせる「主体」を、「意志」と見るか「知性」と見るかの違いである。

以上のように、アンセルムスの論述には混乱がある。つまり「選択の自由」を述べている限り彼の哲学は主知主義であるが、意志の正しさをめぐって自由が述べられている限り、主意主義である。それでも、彼が自由をめぐって「意志の正しさ」を論じるとき、そこでは「主観の真理」が論じられている。そしてそれはまた「道徳的正しさ」が論じられる場となることは、アンセルムスが、つぎに書いた作品で「悪魔の堕落」を論じたことから、容易に想像がつく。

11――人格神

キリスト教だけでなく、古代ギリシアの神々も「人格をもつ」神である。しかし、この神の性質は、民族文化的なものかもしれない。日本でも神話で語られる神は人格をもつが、樹木や岩や、土地に宿る神、山の神などに、人格は見られない。『古事記』や『日本書紀』に見られるように、神に人格が付与されるときとは、人間社会が自分たちの国の歴史や国の制度（秩序）の由来を神の名で語るときに限られる。じっさい、西アジアやエジプトで「神」は、その神が王権を与えたと説明することによって、「王」の地位を神が保証する役割を果したと言われる。

いずれにしろ日本人には「人格神」のイメージは薄いように思われる。じっさい神社に祭られる神も、見えないところに「鏡」が置かれているだけで、目に見える像として人目につくようにはなっていない。

したがってキリスト教の「神」がもつ「人格性」（ペルソナ性）を理解することは、日本人にとっては特別なことであって、分かって当たり前のことではない。なおのこと、「三つの人格（ペルソナ）」をもつ「一つの神」がキリスト教の神である。これらのすべてを理解することは、日本人の手に余ることである。つまり日本語では、説明しきれない。

それゆえ、ここでは中世スコラ哲学の展開を追ううえで必要な側面のみを取り上げる。

まずボエティウスによれば、「ペルソナ」persona の語は、劇で使われる「仮面」を意味するラテン語である。それが神のもつ「人格」を指すことばに転用された。「仮面」とはいえ、「表面」的なことだと受け取ってはならない。じっさい、キリスト教の誕生以前、キケロは、「顔つき」vultus は、その人間の「人格」を表すと考えた。また、アメリカ大統領リンカーンは、四十を過ぎたら自分の顔に責任があると言ったという。この逸話は、「顔つき」と「人格」との間の関連が、ヨーロッパ文化の基層にあることを示している。

また旧約聖書の神について言われる「父なる神」という呼び名は、もと古代ギリシアで主神ゼウスについて言われた呼び名であった。そしてキリストは、聖書で「神の子」と自ら名乗ったと伝えられたことから、「子なる神」と言われた。そしてイエスは、神の「子のペルソナ」が、「人間の身体」を受け取って（受肉と言われる）地上に現れたものと解釈された。つまりイエス・キリストは、そのペルソナ（精神の中核・本質）は神でありつつ、その身体は人間であると解釈された。そして聖霊は、そのペルソナは神の内にとどまりつつ、そのはたらき（神の愛）が、教会（信者の集まり）に贈られる（下賜される）と、解釈された。

そして神は、三つのペルソナでありながら、宇宙を創造し、人間を創造した一個の絶対者であると理解された。したがって、事実上、一方で神は「一個の人格」と見なされた。そして宇宙を創造し、人間を監視している神は、多数の国民を支配する国王と同じように、活発に活動し、すべてを支配している一個の「生きた主体」だと見られた。そして以上のように、「神」を人間の「王」（支配者）のように「生きた主体」であると理解することと、「神」は「人格をもつ」と理解することは、通じ合っている。

しかし、神が人格をもつ生きた主体であるとしたら、神の存在は、第一義的に「主観」の存在であり、神の真理は「主観の真理」である。じっさい、神が人間に呼び掛けるとき「わたしは」と呼び掛ける。そしてその呼びかけに答える人間も、「わたしは」と答えるほかない。このとき、人間にとっての神は「汝」という「2人称」であるが、それは人間の「わたし」という「1人称」が向かい合う相手、神が言う「わたし」という「1人称」の存在である。したがって、「人格」どうしの「対話」は、それ自体としては、「1人称」どうしの「対話」である。そして神に対する「祈り」は、同じく、「一個の人格」に向けた「一個の人格の祈り」である。なぜなら、たとえ教会の集団的祈りがあったとしても、祈りは、祈りの集団的姿と、その姿に対象化される人々の姿勢を本質としているのではなく、個々の、内的な心の主体的姿勢を本質としているからである。

前章で論じたアンセルムス『プロスロギオン』の神の存在証明は、前段に神への祈りをもっている。「主よ、わたしはあなたの高みをきわめることを試みません。わたしの理解はけっしてそれと比較できないからです。しかし、わたしの心が信じまた愛しているあなたの真理を、いくらかでも理解することを望みます……[*19]」。

このように、一対一の祈りが述べられたあと、いよいよ神の存在証明に取り掛かる際に、つぎのように、主語が「わたしたち」という複数に替わる。

そこで信仰に理解を与える主よ、あなたが、わたしたちが信じているように存在し、あなたが、わたしたちの信じているとおりのかたであることを、わたしに有益とお考えにならるだけ、わたしが理解するように取り計らってください。そして、たしかに、あなたが、それより大なるものが考えられえない何かであることを、わたしたちは信じています。

1人称複数「わたしたち」は、主語側の複数の間の「共通性」を主張している。そしてそれは、「対象の普遍化」（客観化）のプロセスの一段階である。たとえば、人間が「科学的真理」の名で語ることがらは、すべての人間の共通性（普遍性）にもとづく。つまりその真理は、特定の数の科学者によって真理であると認められただけであるにもかかわらず、その手続きの信頼性にもとづいて、すべての人間にとって真理であると、つまり客観的な「知識」であると語られる。

しかし、どれほど人間全員が「科学」の「客観性」を主張し、その「普遍的真理」を主張しても、それは人間だけが認めるのであって、犬や猫は、あるいは、アリやカラスは、その真理性を認めない。たとえ科学技術の結果（産物）によって彼らが実際にあやつられても、それは彼らが人間の科学の真理性を認める根拠にはならない。なぜなら、人間のもつ科学は、人間の「ことば」（理性）によって成立しているだけだからである。

じつはここでも「客観性」と「真理性」は、混同される。「真理性」は、じっさいには、複数の人間による「共通の承認」にのみ根拠をもっている。ところがその「真理性」が、対象性が導く共通性にもとづいて、「客観性」（対象性）objectivityと混同される。そのことにより、1人称複数の人間（わたしたち）が「共通に」行うことが、「客観的に」行われることであり、それに従って「わたしたちの間では」、その対象に正当に「客観性」が与えられる。すなわち、その客観性がみなに承認される。そしてこのプロセスを、人はそのプロセスの範囲で客観的に受け取らずに、「客観性の絶対化」が、人々の間で共通に承認される。

そして、それに応じて、科学技術による人間の「傲慢化」が進行する。つまり科学技術による実際的な自然の改変が正義の名のもとに行われ、その改変の成功が、科学の客観的真理性を証明していると、人間は無自覚に承認する。このことは教会という団体による客観的（共同的）真理性の確立についても言える。

しかし、その場合の「真理性」とは、客観的科学の真理性や何らかの集団的立場による真理性であって、それを用いる人間の真理性（正当性）ではない。すなわち、後者の真理性は、主観の真理性であり、それのみが主観の道徳性である。言い換えれば、人間の真理性であり、道徳の真理性である。人間の行為の善悪は、人間自身の真理性として問われなければならない。科学の真理性が人間の真理性を証明することはない。ところが、現実には、その混同が起こっている。そしてそれが起こるのは、「科学」についての十分な哲学（ことばの吟味）が行われないためである。

アンセルムスの神の存在証明は、以上のような背景をもつ。その証明は、当初は、「祈る相手」の存在証明である。そしてその祈る相手が「一個の人格」であるなら、それは「一個の主体」であり、そのような一個のものは、科学の対象のように、端的には「対象化」（客観化）されるものではない。言い換えれば、それは、あくまでも「主体」として受け取らなければならない「一個のもの」である。そうだとすれば、その存在は「抽象」によってはとらえられず、「直観」によってのみとらえることができる。

したがって、アンセルムスが神の存在証明にあたって一歩を踏み出した「科学」的立場は、祈りの相手（神）を、まずは「わたしたち」の「客観的な対象」とすることだった。しかしそのとき、「神」は、もはや「一個の人格」ではなく、「抽象化された普遍」の像である。それは祈る側の一個の人格と対峙して、それ自体が主体性をもつ「一個の神」ではない。教会という権力組織が自らの権威性を背景にして教会会員を導くために「対象化した」、すなわち、第3者に見せるために「祭り上げた」神の像である。その対象（教会の普遍的像）と、その証明の「客観性」が求められるとき、それらは、事実上、個々人の個別の祈りの場から離れて、ひたすら「すべての教会会員の神への祈り」の「共通性」にもとづいた神の存在として考察される。

したがって、近代になって人々が教会の権威性から離れるとき、教会の祈りは「人間（わたしたち）一般の祈り」であることが否定され、その結果、アンセルムスの証明は近代人には信用されなくなったのである。

12　人格存在と「わたし」の存在

じっさい『プロスロギオン』におけるアンセルムスの神の存在証明は、祈る相手である神を、「一個の人格」として見るのではなく、教会に属する人々の「客観的な対象」と見直すことによって、行われたものであった。つまり「神」を、「科学が対象にする客観的なもの」と見て、その存在を論じたものであった。他方、中世スコラ哲学によって、神の三つのペルソナが研究された[*20]。すなわち、三つのペルソナに共通に言われる「ペルソナ」という語が、注意深く吟味された。

たどりついた結論は、「人格」（ペルソナ）とは、一個の個別的で完全な理性的主体である、という結論である。それは⑴理性的性格（特徴）をもつが、身体的性格（特徴）をもたない。それは⑵個々の主体（実体）であるかぎり、普遍的に対象化されない。そして⑶理性的主体性をもつゆえに、自発的な意志活動をもつ。これは、ボエティウスに始まり、リカルドゥス、トマスを経て、スコトゥスに至るまでの結論だと理解してほしい。

ところで、自発的意志活動とは、自発的欲求活動であり、それは生命一般に見られる活動である。人間以外の命も、共通的に、個別的で主体的な生命活動をもっている。したがって、個々の生命と、人格の違いは、「人格」には「理性」が加わっている、ということがあるだけである。

また、「完全」であるとは、「正しい」ということである。したがって、「完全な理性」とは、「正しい理性」recta ratio である。そして「正しい理性」とは、「真なることばに即して考える力」である。そして正しい理性で考えて行動する人は、正しい行動をする人である。そして正しい行動を取って生きる人は、良く生きる人であり、徳の有る人である。そしてこのことにおいて最高度に完全であるのが、神の人格である。

ところで、「ことば」によって考える能力は、「ことば」によって、自己の主体を「反省する」ことができる。そして自己の主体を反省するとは、自己の存在を「自覚する」ことである。そして正しく自己を自覚する人は、「わたしが行為する」ことを自覚する人であり、それは自分の行為に責任を取る人である。

それゆえにまた、「今ここに生きて在る」ことを「正しいことば」で自覚する「わたし」は、真に「人格」（ペルソナ）と呼ばれるものである。それは「正しい理性」によってしか生じない「わたし」であり、言い換えれば、「正しい理性」によってしか自覚されない「わたし」である。したがって、未熟な理性や、間違った「ことば」に沿って考える理性は、真の「人格」を構成できない。また、自己の人格を知ることが出来なければ、その「わたし」は、他者の人格を正しく理解して尊重することもできない。したがって、そのような人は「よく生きる」ことはできない。

ところで、「ことば」は他者と共有するものであるから、その「ことば」が「正しい」ためには、他者にも正しいと認められる「ことば」でなければならない。じっさい、「真理」であるなら、たとえそれが「わたしの」、つまり「主観の」真理であっても、だれの「わたし」にとっても共通に、真理でなければならない。そうでなければ「真理」という「ことば」が他者に通じない。

それゆえ、他者との間で「ことば」が吟味されるとき、そのときにかぎり、どの「ことば」

であれ、「ことば」はもっとも有効に吟味される。それゆえ、他者との間で「一対一の対話」を通じて「哲学」を始動したソクラテスは、もっとも有効に「ことばを吟味する」ことを始めた人だと言える。そしてそれは当時の人々の「ことば」を正したのである。そのうえ、それによって「理性」を正しいものにしたことで、彼は「人格」を有効に錬磨したと言うことができる。したがって、ソクラテスは「善美な人」（よく生きる人）となるための哲学を、対話の実践を通して、人々に共通に示したと言うことができる。

また、「正しい理性によって生きる人格」は、「真に生きて在る」自己である。それは「自己」という「主観」の「真理」である。なぜなら、ラテン語で「真に在る」verum esse は、「真理」veritas と同義であり、実在することだからである。そして生きているわたしが「在る」とは、「わたしが生きて在る」ことだからである。そして生きているわたしが「真に生きて在る」。そして「わたしが真に生きて在る」とは、「主観の真理が生きている」ことを意味する。そして言うまでもなく、わたしたちは「真理に即して生きる」のでなければ、本当に生きること、すなわち、「よく生きる」ことはできない。

ところで、「神は真理である」と言われる。しかもキリスト教では、神は人格神である。人格であるなら一個の理性的主体である。したがって「神」は、客観的対象の真理ではなく、「主観の真理である」。それゆえ、「神の存在」とは、じつは「わたしが真に生きて在る」ことである。すなわち、その二つは、同義である。したがって、「真に生きて在るわたし」が、その「わたし」を反省して自覚するとき、わたしはそこに「神」を見出すことになる。じっさい「ヨハネによる福音書」八章二八節によれば、イエスは、「『わたしは在る』を悟る」ことを、信仰する者に求めている。そしてイエスの「ことば」は、「わたしが在ることを自覚する」という意味にとれる。

すなわち、「『わたしは在る』を悟る」とは、疑いようもなく、「真の自己を自覚する」ことである。つまりイエスは、神は、客観的対象の側にではなく、自己の側に見出されることを、告げている。

ところで、エックハルトも、「内なる眼」をもって「自己自身」を見なければならないと言っている。なぜなら、そこに「神」が居るからである。彼はつぎのように言っている。

わたしはかつてある修道院で次のように話したことがある。魂の本来の像とは、神自身であるものの他は何ひとつ、外からも内からも造られることのないような像のことをいうのである。魂には二つの眼がある。つまり内なる眼と外なる眼とである。魂の内なる眼とは、有の内へと観入り、その有を神から直接に受け取るような眼である。このことは内なる眼に固有な働きである。魂の外なる眼とは、被造物に向けられていて、それらの被造物を魂の力の働きにより、像を介した仕方で知覚するような眼である。*21（エックハルト）

つづいて、「神はむしろ魂を神自身にかたどり創造したのである」[*22]。「神の根底はわたしの根底であり、わたしの根底は神の根底である」[*23]と、彼は述べている。

なお、自分自身の心の奥底に、神に通じる何かを見るのは、『告白』のアウグスティヌスに通じる。したがって、エックハルトは、アウグスティヌスの精神を復活させているとも言える。しかしエックハルトはアリストテレスなどのギリシア哲学の主知主義にならってか、この魂のうちで、知性のほうが意志よりも高貴であるという。

神学校で語ったことであるが、知性は意志よりも高貴であるが、しかし両方ともこの光に帰するのである。この問題に関して、別の学派（フランチェスコ会）の師は、意志のほうが知性よりも高貴である、なぜならば意志は事物を、それ自身のもとに在るがままの姿でつかむが、知性はしかしながら事物を、それが知性の内に在るような姿でつかむからであると語る。それは正しい。目は、壁に描かれた目（の像）よりも、それ自身においてはるかに高貴なものだからである。しかしわたしは、知性は意志よりも高貴であると言う。意志は善という衣装をまとった神をとらえるが、知性は、善とか有といった衣装を脱ぎ捨てた覆われない神をとらえるのである。[*24]

とはいえ、ここでエックハルトが言っている「知性」は、２人称の神をとらえる「１人称

（わたし）の知性」であって、トマス・アクィナスが論じる人間一般の知性、すなわち、「3人称の対象化された知性」ではない。なぜなら、エックハルトは、ここで「至福直観」の際の知性を語っているからである。至福直観を得る知性は、神を、「汝」（2人称）という眼前のものとして受け止める知性、すなわち、信ずるものの知性でなければならない。

前章で見たように、エックハルトとオッカムは、一方はドミニコ会、他方はフランチェスコ会に属する（一方は主知主義であり、他方は主意主義である）が、それでも二人とも「直観する（知性認識する）主体」という神が、真の神であることを見出したことで、「普遍」にもとづいていた中世の神学を終わらせた。二人は、それぞれ異なる道をたどって、3人称の普遍的神ではなく、2人称の「この神」を見出したのである。このことは、中世のスコラ哲学が最後に、「アリストテレス流の神学」ではなく、「アウグスティヌス流の神学」にたどり着いたことを意味する。

そしてその神は、唯一、「わたし」という主観が直観的に気づき、祈ることができる「神」である。集団（教会）の「わたしたち」が共通に祈る「普遍的な神」ではない。

このことからすれば、現代のわたしたちが「神」を見失っているのは、わたしたちが「真の人格」を「わたし」の内にもたないからである。すなわち、「わたし」を見失って、「みんなで」神に祈ることで安心しているからである。あるいは、「正しいことば」を得て、それに即して考える「正しい理性」をもたないからである。

宗教は一般に、そういうわたしたちの現状を憂えて、神の教えとして「正しいことば」を示して、「正しく生きる道」を示す。

しかし、教えの「ことば自体」は正しいことばであろうと、わたしたちの理性が間違ったことばで構成されているかぎり、教えの正しいことばを聞いても、それが正しく理解されることはない。それはちょうど、数学のできない人間が、安直に数学の「公式」を憶え、そこに意味もなく数字を当てはめて、偶然に正答を得るようなものである。彼が正答を得ても、彼は数学を理解したのではなく、それが数学の勉強だと信じただけである。そこには真の数学はない。

同じように、神が教える「正しく生きる道」を、その「ことば」自体で理解することができない人々に、それを「公式化」して教え、信じさせるのが、一般的に見られる安直な信仰であり、宗教である。一方、哲学は、安直な道を拒否して、その「ことば」自体で理解するために、自分の「ことば」をどこまでも吟味する活動である。

それゆえ宗教は、「真に生きて在る」ことが分からない人に、「人格神」のイメージを与えて、生き方の「公式」を教える。キリスト教で言えば、「隣人を愛せ」、「敵を愛せ」、「人を裁くな」、等々の公的教義である。しかしすでに述べたように、公式的に憶えても、理解できなければ、それはその人の「理性」(ことばで考える力)にはならない。相変わらず理性は未熟なまま、自分で考えることができず、教えが記憶されるだけである。

たとえば、「福音書」(イエスの教え)に、主人が僕(しもべ)にお金を預けて、それが使われずにしまい込まれていたことを主人が知ったとき、主人はそれを叱ったと言われているのは、[*25]教えについてのこうした事情を述べていると解釈できる。

宗教信仰も、正しい理性によって伝えられなければ、間違って理解される。宗教が戦争、紛争、テロの火種になるのは、そういう理由からである。それゆえ、中世のスコラ哲学は、キリスト教を「正しく伝える」ことを目標として、キリスト教信仰の内容を哲学的に吟味することで、確かな仕事をしたのである。近代の哲学が主張するほど、中世は無意味な時間を過ごしたのではない。言うまでもなく、その仕事は完全なものにはならなかったが、それでもイエスが教えたことばを解釈する努力を通じて、何事かを明らかにしたとは言えるだろう。

なぜなら哲学は、脅しや誘惑によって一方的に信仰を勧めるような仕事はしないからである。

第3章

中世最後の神学

神学とは何か

1 「神学」とアリストテレスの「学」

すでに述べたように、広く北西ヨーロッパの人々に、「哲学」、すなわち、「ことばの吟味」を教えたのは十一世紀に始まった「普遍論争」だった。それはおそらくヨーロッパの人々にとってはじめての知的経験だったに違いない。それによって人々は、社会の体制を変える民衆運動ではなく、あるいは、武力を革新的に用いることでもなく、ただの「論争」に、すなわち、世の中で「知」と認められている「知」のすべてを「吟味する」ことに、言い換えると、いったい何が真理であるかということに、人はわけもなく夢中になれることを知ったのである。

キリスト教会は、おそらく、普遍論争に熱を上げる若者たちに接して、信仰内容についてもあらあらしく吟味が行われるのではないかと、不安を感じたと思われる。とはいえ、当時は現代のように世の中に監視の目を張り巡らせる手段はなかった。したがって、教会や修道院の外で、あるいは、どこかの街角で、個人個人が論争を起こすことを止めることはできなかった。しかし、公共的には「そういうことに夢中にならないように、それは信仰を危険にさらしますよ」と、何らかの仕方で教会は若者を抑えていたに違いない。アンセルムスをはじめ、当時の人々が普遍論争自体を取りあげて著作をしていないのも、そうした理由があったからであろう。

だが、すでに述べたように、パリ司教ロンバルドゥスが公刊した『命題集註解』が、「危険のない方法」での哲学の使用を、公共的にゆるしたのである。それゆえに十三世紀のパリ大学神学部では、『命題集註解』にもとづいて、各教師が自分の見解を主張しながら堂々と講義することができた。第一巻で神とは何か、第二巻で天使とは何か、第三巻でキリストをはじめとして人間とは何か、第四巻で神の国へ向かうための諸事について、それぞれ議論する様式が大枠で組み立てられていた。

他方、大学はいわば知識（学問）業の一種の「職業組合」であった。大学に参加するには、ラテン語の能力と授業料の負担能力さえあればよかった。大学は、好奇心と学習意欲にもとづいて自由に、だれにでも開かれていた。そのような皆に開かれた大学で、神学は、いわば「パリ司教」の指導（許可）のもとに、大っぴらに論じられた。

ところでその『命題集註解』には「序」が付いていた。そしてその序の部分で学者たちは「神学」について簡略に論じた。つまり神学は何を主題としている学なのか、という神学の規定に関する問題である。言うまでもなく、神学は文字通り「神」についての学であるから、自然的事物に関する学ではなく、自然を超えた最高の存在に関する学でなければならなかった。

ところで十三世紀を迎え、前世紀に地中海の向こうからもたらされたアリストテレスの『自然学』や『形而上学』、『霊魂論』、等々が、ラテン語に翻訳され、大学の人々に知られるようになった。そこには、自然的事物についての豊富な知見があふれていた。それらの多くが、アウグスティヌスもアンセルムスもあずかり知らなかった知見であった。

したがって、アウグスティヌスもアンセルムスも、すでに神学の研究はしていたけれど、それだけで十分であるかどうか、十三世紀の人々は『形而上学』やその他の著作と突き合わせて、諸問題をあらたに検討する必要を感じた。というのも、アリストテレスの哲学作品には、自分たちが目を向けていなかった被造物について、あるいはそれにもとづいた超越的なことがらについて、豊かな知見があふれていたからである。

要するに、当時の「神学」の試みは、人々がもつことができた最先端の知識、知恵を総動員して、「神の知恵」に近づこうとする試みでなければならなかった。十三世紀、アンセルムスの時代にはなかった「形而上学」、「自然学」、「分析論」、「霊魂論」その他のアリストテレスの豊かな知見が、目の前に現れたのである。いよいよ「神学」は新しい光を得て、新たに、「壮大な学問」になる道が拓かれた。新たに知られたアリストテレスの膨大な作品は、当時の人々にそれを成し遂げようとする意欲を燃え立たせた。

言うまでもなく、すでに信仰をもつ人間が手にしている「最高の知恵」は、「聖書」並びにそれを解釈する「カトリックの教義」である。アリストテレスは異教徒の哲学者であるから、その知見がどれほど豊かであったとしても、「最高」であることは、やはり否定されなければならなかった。さまざまな見解が『命題集註解』には取り上げられていたが、カトリックが重視する聖書の一句が、いつも最終結論の在るべき方向性を決定していた。

じっさい、中世の神学者にとって「最高の知恵」の内容とは、キリスト教の「信仰箇条」でなければならなかった。主要なものとして、七つ挙げられている。たとえば、トマス・アクィナスによれば⑴唯一の神、⑵御父の万能、⑶イエス・キリストは主の御子、⑷聖霊の存在、⑸天地の創造主の存在、⑹罪の赦しが在ること、⑺体の復活と永遠の命、である。*1 すなわち、信者は最低限、これらについて知り、信じなければならない。これに、アウグスティヌスをはじめとする教会の博士の意見がつづき、さらに最近の博士の意見が加わる。神学者はそれらに対して自分の見解を回答するのである。

要するに十三世紀、最近の博士の意見として、ここにアリストテレスの巨大な哲学が加わった。

2 アリストテレス『範疇論』『命題論』がもつ論理

ところで、「ギリシア哲学の論理」は、たしかに本格的には十二世紀の中ごろからアリストテレスの全体が入って来たことによって中世の学者たちによく知られるようになったわけであるが、その「枢要な論理」は、十一世紀の内にアンセルムスが耳にしたはずの「普遍論争」においで、すでに知られていた。なぜなら、その論争は、すでに触れたように、ボエティウスによってラテン語訳されたポルフェリオスの註解作品に由来するからである。そしてさらに起源にさかのぼれば、その作品とは、アリストテレスの『範疇論』につけられた註解であった。それゆえ、「普遍論争」のもとをたどれば、アリストテレスの『範疇論』にたどりつく。

したがって、わたしたちは中世神学の起源となったアリストテレスの『範疇論』が背景にしている「論理」について、ここで検討しておかなければならない。

「範疇」とは、ギリシア語の意味では「述語の最高類別」と言える。アリストテレスがなぜ「述語の最高類別」を多くのことばの中から取り出したかと言えば、彼によれば、哲学が吟味すべき真理内容は、「述語」において述べられるからである。しかしこのことについて理解するためには、彼が『命題論』を書くことで「ことば」の内に見た「主語‐述語」の関係を見ておかなければならない。わたしたち日本人は、学校教育で「主語」と「述語」の区別をおざなりに習っているために、哲学の論理に関して誤解を産みがちだからである。

さて、始原に戻れば、哲学は「ことばの吟味」によって「真であること」を見出し、わたしたちが真理にしたがって生きる道、幸福に生きる道を見出すための活動である。これについては繰り返し確認した。ところでわたしたちがもつ「ことば」は、「文法」という「論理」にしたがって統一的に組み立てられる。それゆえわたしたちは「ことば」を学ぶとき、その「文法」を同時に学んでいる。ラテン語の学習には、「辞書」と文法にまつわる単語（名詞、動詞）の「活用表」の二つが必要なことは、周知のことである。

わたしたちが外国語を学ぶとき、なおかつその文法構造が自国の言語と大きく異なるとき、外国語を外国語のままに受け取ろうとすれば、わたしたちは「心のはたらき」を変えなければならない。なぜなら、「ことば」は、「理性」であり、「ことば」が変われば、「考える道筋」、「認識の受け止め」が変わるからである。しかし、「心のはたらき」をその構造（理性）から変えることは、人格ごと変えることであるから、現実にはむずかしいことである。

たとえば、「雨が降っている」と、英語の〈it rains〉を対比して、何が「主語」で、何が「述語」か、見てほしい。英語では「雨」は主語ではない。また、日本語の「降っている」が英語の〈it rains〉の述語に当たるのでもない。日本語で主語になるものが、英語ではならない。したがって、述語になるものも、日本語と英語では違っている。じっさい、日本語の「いる」は、はたして「動詞」と言えるのか疑問だろう。そもそも「在る」の反対「ない」は、形容詞である。このことから見れば、なおかつそれ自体の意味内容からして、日本語の「居る」や「在る」は、その形態とは異なって、むしろ形容詞ではないのか。したがってそうだとすれば、日本語では、動詞無しの文が成り立つと言える。それゆえ、述語は動詞である英語などのヨーロッパの言語とは、同じ文に見えても伝わる意味（思想）内容が違う。

ところがわたしたちは、そのことに、ふだんは気づかない。自分の理性のなかで無意識に起きていることだからである。わたしたちは、外国語を無意識のうちに自国の言語に翻訳して理解するとき、「意味」だけを移して、もとの言語の「文法」のもつ「論理」のほうは、自国の言語に移していない。なぜなら、それでも「意味」は通っているから、自国の言語による「理解」としては満足することができるからである。

さらに、一般にヨーロッパの言語では、「主語」になるものは、自ら動き、動詞が意味する運動の「主体」になるものである。なおかつ、文の意味を担っているのは何よりも「動詞」である。そして動詞の「主語」となるものは、動詞が意味する「運動を始動する主体」である。したがってその主語は、動詞の意味に含まれていてはならない。そうでないと二重に言うことになるからである。日本語では「花」が主語になって「花が咲く」と言えるが、英語では「花」は、「在る」の主語になるが、「咲く」の主語にはならない。「花」は、たしかに生き物であり、主体性（自発性）をもつから、たとえばbe動詞の主語にはなる。しかし、「花」はもともと「咲くもの」であるから、「咲くものが咲く」と言うのは、おかしいのである。*2

あるいはまた、たとえば日本語で「わたしは試験に落ちた」と言うとき、これは「能動的」か「受動的」か、日本語では分からない。ことばの表示上は「わたし」が主語であり、主語であるなら、それが主体であるから、「落ちた」のは、「わたし」であり、「わたしの責任」に違いない。しかし、日本語では、動詞が能動的か受動的かの区別があいまいで、しいて言えば「中動的」であって、どちらでもないから、責任は、落とした試験管にあるのか、わたしに在るのか、よく分からない。そしてどちらにもとれる言い方が、日本語なのである。

じっさい、「花が咲いている」は、花が自ら「咲いている」（能動）のではない。また、反対に、「咲かされている」（受動）でもない。日本語で、花が「咲いている」のは、その花が「在るがままに、咲いた状態になっている」のである。

ところが、古典ギリシア語の動詞には「中動態」はあったけれど、アリストテレスの範疇には、「能動」と「受動」があっても、「中動」はない。つまりアリストテレスによれば、哲学（ことばの吟味）は、動詞に関して「能動」か「受動」か、では行われても、「中動」では行われないのである。つまり何が正しいかが、「中動」では吟味できないし、分からない、ということである。したがって、通常の日本語で聞くと西洋の哲学が分かりにくいのは、こうしたことが原因であり、日本語で哲学がうまくできないのは、おそらく、このためである。

とくに日本語で言われる「なる」とか、「なってしまった」という表現、ないし、その概念は、とくに主体がぼかされる表現である。「実がなった」とか「年を取った」とか、こうした表現は「自然にそうなった」という意味をもっていて、「原因」（能動的はたらきのもと）の追究があやふやになる表現である。それゆえ、原因を探究するアリストテレスの哲学は、通常の日本語では理解できない。

また、わたしたちは、ヨーロッパの言語では動詞に「能動」か「受動」か、の違いだけがあることが分かりにくいことと重なって、動詞に自動詞と他動詞が在ることの意味を、それと混同しやすい。つまり自動詞を、中動態や受動態の意味に受け取りがちなのである。しかし、ヨーロッパの言語ではそもそも自動詞も他動詞もそれぞれに能動形と受動形がある。自動詞か他動詞かは、目的語を取るか取らないかの違いである。能動か受動かとは別なのだ。つまり英語のBe動詞、たとえばamは、能動か受動かと訊ねられたら、日本語の思考では困惑する。なぜなら、ものが「在る」のは、「自然なこと」、あるいは、「在るようにされている」というイメージが、すでに述べたように、中動態だらけの日本語の動詞にはあるからである。

しかし、ギリシア語の論理では、あくまでも能動なのである。すなわち「わたしは在る」と言えば、「わたし」という主体が、その主体性によって、能動的に「在る」ことを意味する。そのことば自体は「神によって在らしめられている」とは解されない。じっさいラテン語には、「在る」の受動形はない。したがって、「ものが在らしめられている」ということを表すときは、「在る」の動詞ではなく、「造る」の動詞の受動形を用いる。つまり神によって在らしめられているものは、「被造物」creaturaと言って、「被存在物」とは言わない。

それゆえ、異なる文法にもとづく「論理」には気を付けなければならない。

3　アリストテレスのイデア論批判

アリストテレスは、プラトンから哲学を学んだのであるが、それでも独自に『範疇論』や

『命題論』などで、ギリシア語の「主語・述語の論理」を研究した。このことによってアリストテレスは、プラトン哲学の盲点を突いて、彼独自の哲学を主張することができた。すなわち、プラトンは、主語・述語の区別なく、ただ「共通な真理」としてのみ「イデア」を語った。それに対してアリストテレスは、「真理」は、何らかの「主語・述語」をもつ「ことばの列」（命題）によって述べられなければならないと考えた。

ちなみに『命題論』は、英語で言えば「インタープリテイションについて」である。「インタープリテイション」は、解説、解釈、説明の意味であるから、ここでの「命題」とは「説明文」の意味である。ところで、正確な説明文を構成するためには、アリストテレスによれば、主語と述語を真偽が明確になるように構成しなければならない。そしてこのとき、つまり命題を構成するとき、「主語」は、心の外に在って、指示されるものであり、他方、「述語」は、主語に付けられることによって、主語を「一定の枠」（範疇）で解説して規定する「普遍」でなければならない。そのように、アリストテレスは考えたのである。

ところで、プラトンは、「善」、「真」、「一」、「美」、などが、「イデア」であると言っている。ところが、それらは、アリストテレスの考えた論理によれば、本来、どれも、「善い」とか、「真である」とか、述べられるもので、述語の位置に置かれる「普遍」である。主語のような、他から独立して存在するものではない。つまりプラトンによって「イデア」として語られた内容は、じつは述語であって主語ではないと、アリストテレスは考えた。したがってアリストテレスによれば、イデアは心の外に「実在する」のではなく、ことばで「述べられる」だけ（論理上）のものである。

このように、アリストテレスのイデア論批判は、ギリシア語の論理（文法）の研究にもとづいている。

4 3人称の客観的真理と主観的真理

しかし、アリストテレスがこの論理を主張できると気づいたのは、彼がもっぱら「3人称」の「真理」を見出そうとしていたからであった。じっさい、彼が書いたとされる『範疇論』にしても、また『命題論』にしても、さらに『分析論前書・後書』にしても、もっぱら3人称の主語をもつ「科学」を構成する論理を吟味している。じっさい「3人称」の主語は、「わたし」（1人称）や「あなた」（2人称）から具体的に離して考えられるものであるために、具体的事物を「客観的に」、すなわち、「自己から切り離された対象」として取り上げるものである。そして主語が3人称なら、その述語は、必然的に3人称である。

そして、3人称の「主語」は、個別のものだけでなく、普遍的なものも、種や類の名で指示することができる。そして種名や類名で取り上げる「普遍」が主語であるなら、述語はもとより「普遍」である。ところで「主語」と「述語」の結合が、「命題」（真理文）となる。したがって、「普遍」と「普遍」を関係づける「命題」は、「普遍的で必然的な真理」を語ることができる。なぜなら、個別的なものは、生成消滅を繰り返して変化するのに対して、抽象された「普遍」は変化しない。そして変化しない「ことば」だからである。ところで、変化しないもの同士の関係は、変化しない。そして「普遍的で必然的な真理」とは、言うまでもなく「科学的真理」である。

それゆえ、アリストテレスは、事物の類（普遍）の運動を3人称の「主語」として取り上げて、『自然学』を研究し、生物の類を「主語」として取り上げて、『霊魂論』を研究し、その他、動物や植物や、天文・気象などを研究した。さらに人間の都市生活や政治生活についても、彼は同じ3人称の普遍的類の視点から『倫理学』や『政治学』で研究した。

しかしながら、すでに述べたように、「3人称の客観」（普遍）は、正確には、個々人の主観にもとづいて「社会」（集団）が任意に「作り出すもの」である。じっさい「科学的客観認識」は「科学者の集団」が吟味して作り出した認識であり、それが科学の教えとして今現在、公教育においてすべての国民に教えられている。

他方、国家規模の社会集団においては、政治家その他、発言力の大きな人々による政治的発言がマスコミによって拡散されて、一般的な国家の概念、あるいは、国家の客観的「現状認識」が、日々、確かな普遍的認識としてわたしたちの社会に作り出され、行き渡っている。各地域、規模の小さな社会集団においても、同様に、発言力の大きな人々の主張によって各集団のうちに「常識」という名の「正義」、あるいは、「伝統」とか、「公式」という名の権威をもつ価値観が作りだされている。それらは、広く聞かれるものであるために、多数の人によってすでに詳細に真偽が吟味されているかのように思われている。しかし、実際には、それは必ずしもしっかりと吟味されたものではなく、たんなる多数の人々の「思い込み」であり、何ら真理ではないことがある。

したがって、「3人称の客観的真理」とは、一般に、「集団による吟味を経ていると、見なされている真理」に過ぎない。真理と思われているだけで、確実な真理ではない。それゆえソクラテスは、そのことばが正しいかどうか、社会一般に常識として通用している見解を、再度、個々人が吟味すべきだと考え、たとえば「徳」に関する当時の社会常識について、有力者を呼び止めて問答を始めたのである。ソクラテスが始めた「哲学」は、この問答を繰り返し行うことである。つまり一般世間では、集団による吟味を経たとされていても、「真理」や「正しさ」は、個人が再度、自分の経験を通して吟味しなければならないと、ソクラテスは主張したのである。

アリストテレスの諸学は、たしかにアリトテレス個人の吟味を経たものである。しかし、たとえその吟味がどれほど厳密なものであろうと、吟味は別の個人（わたし）によって繰り返されるべきだと考えるのが、ソクラテスが起こした「哲学」だと言わなければならない。ところが、アリストテレスが、社会的に有力な意見（権威者の意見）のみを取り上げて、吟味して弟子たちに見せたために、アリストテレスの弟子たちは、権威者の意見のほかは検討するに値しないと思い込んでしまったのである。こうしてソクラテスが示した哲学（徹底した個々人による吟味）は、3人称の科学的真理に関してはなされなくなり、そのためにアリストテレス以後は、科学の進歩がスピードをゆるめてしまったのである。

他方、個々人による吟味を求めるソクラテスの哲学は、まったく1、2人称の命題に関してのみ、命脈を保った。しかしソクラテスの哲学は、社会の有力者の権威性を抑えるものであったために、傲慢な支配層からは評判が良くなかった。そのために社会全体からも価値を過小評価されることになっている。

そういう歴史をうけて、アリストテレスの哲学に中世ヨーロッパの哲学は支配的な影響を受けた。したがってアリストテレスが3人称の命題に吟味を限定していたことは、中世スコラ哲学に大きな影響を与えた。

この問題についてはよく考えておかなければならない。なぜなら、3人称の命題のみが真理を表すものとして注目されることは、3人称で指摘される抽象的事物（普遍）のみが、真理であるという狭い（誤った）考え方を結果しがちだからである。しかし、すでに述べたように、そもそも哲学は「ことば」の「正しさ」を求めるものであり、具体的事物を求めるものではない。したがって、哲学が「実在」と呼ぶものは、「正しく述べられたこと」であって、特殊的に心の外の事物存在を意味するものではない。アリストテレスも言っているとおり、真理は述語において「述べられる」だけである。それは、具体的事物のように、あるいは、抽象物が想定されるように、個人の心の外に独立して実在するのではない。じっさい、「真である」と言われることが、「真理」であり、事物が真理であるのではない。そして「真である」と述べられるものこそが、哲学が語る「実在する」（真に在る）ものである。

したがって、「真理」は、決して心の外に3人称で指摘される独立した事物的存在ではない。事物存在の真理も、事物存在を主語として、それに付けられた述語のうちに「述べられる」ものである。それゆえまた、主語が1・2人称であろうと、それについて「述べられる」ことがらに、「真理」は実際に在ると、考えなければならない。このことは、哲学の原理――「ことば」――にもとづけば、自明である。

わたしたちはだれかと話そうとして、他者に向けて発言するとき、その他者が認識できるところの何かを「主語」として取り上げる。それは具体的な個物であったり、具体的な個人であったり、あるいは、発言する相手であったり、さまざまな個である。この場合は、3人称で取り上げられる場合と、1人称、2人称で取り上げられる場合がある。あるいはまた、主語として取り上げるものが、共通に知っている種や類の名（普遍）であることもある。たとえば、人間、馬、神、等々である。この場合は3人称である。したがって、真理は、1人称の主語についても、2人称の主語についても、3人称の主語についても、「述べられる」のである。

繰り返すが、３人称の主語に限定することが「科学」を推進した。ただし、その主語にも、今しがた述べたように、個物もあれば、普遍もある。個別のものは、アリストテレス学派の用語で言えば、「第一主語」ないし「究極主語」である。なお、その個物が、生きて在るものなら、「第一実体」と言われる。他方、それが種の名であるなら、「第二実体」と言われる。

わたしたちは、そのように主語を選んで取り上げたなら、その主語に付ける「真の述語」を選ぶことによって、「真理」を語る。アリストテレスの論理に従えば、主語を取り上げるだけなら、わたしたちは何も言っていないに等しい。「述語」を語ることによって、わたしたちははじめて「真である」ことを「述べる」のである。

そしてアリストテレスは、その「述語」の類型を十個数えていると言われ、「十個の範疇」の名が定式となっている。ただし、その十個は、明確ではない。とりあえず、主語の本質（種）を述べる「実体」範疇、その他すべてが「偶性」範疇である。すなわち、「分量」の範疇、「性質」の範疇、「能動」の範疇、「受動」の範疇、「時間」の範疇、「位置」の範疇、「所有」の範疇、「関係」の範疇、等々、である。

5　スコトゥスの「範疇論」

アリストテレスの立場に忠実なら、実体範疇に属するのは第二実体（種的本質）であって、第一実体ではない。なぜなら、第一実体は個別の具体的な主体であって、アリストテレスによれば「第一主語」primum subiectum にしかならず、「述語」praedictum にはならないからである。他方、第二実体は「種」であり「普遍」である。それは第一実体の真なる説明として「述べられる」のであるから、それは「実体範疇」に属する。このことは、他の範疇でも同じである。たとえば、主語として取り上げる「個別の白いもの」は、「これ」として取り上げられるだけで、述語ではないから範疇には属さない。他方、それが「白く在る」という「ことば」は、述語されているから、「性質範疇」に属する。

ところがスコトゥスは、「個別のもの」も、各範疇に属すると言う[*3]。つまり「この個別の実体」は「実体範疇」に、「この個別の性質」は「性質範疇」に、属すると言う。たとえば「この白いもの」は、「色という性質の範疇」に属すると言う。ただしスコトゥスがこのような範疇理解をもった理由は、じつはスコトゥス自身によっては説明されていない。

彼が述べていない理由をしいて推測すれば、彼が「個別化の原理」を特定の真理として研究した結果、個別的なものも、「これ」としてそれ自体で「真理」として「述べる」ことが可能なものと見なされたからだと、推測できる。さらに加えて、スコトゥスは、さまざまな論議のうちで、「述語は主語に含まれている」という論理を持ち出す。すなわち、述語で述べられていることは、すべて、「主語について」述べられているという命題である。そうであるなら、述語に述べられていることは、もともと「主語のうちに」内在する。そして主語が個体であると述語されるなら、個体であることも主語のうちに在るのだから、その「個体であること」は、その主語に「述語されうる」、という理屈である。

言い換えると、スコトゥスによれば、述語に述べられている「真理」は、もともとすべて主語の「真理」である。したがってスコトゥスによれば、個物であることも述語され、述語の真理はすべて主語に含まれている。つまり個体であることも含めて述語で述べられる真理であり、それは、もともとすべて主語に含まれていると、彼は考えるのである。

しかし、すでに述べたように、アリストテレスによれば、「イデア」は、3人称に対象化された真理であり、プラトン自身はそれを独立した「主語」のごとく論じたが、それは正しい理解ではなく、イデアは「述語される普遍」であった。つまりアリストテレスは、主語には真理はなく、指示機能だけがあって、述語にのみ真理があると見立てていた。それに対してスコトゥスは「主語は、その述語を含んでいる」という論理を持ち出すことによって、述語の内容は主語の内容と同じだと言うのである。スコトゥスは、自分で認識していたかどうか分からないが、アリストテレスの論理を、すなわち、主語と述語の区別を持ち出し、真理は「述語」において述べられるというイデア論批判の基礎を、ひっくり返してしまっているのである。

とはいえ、「述語は主語のうちに含まれる」というスコトゥスの論理は、「述語」である神学の対象のうちに、「対象の真理」だけでなく、「主体の真理」を含ませることとなった。なぜなら、対象化されたものは述語されるものであり、他方、「主語」とは、「主体」だからである。じっさい、「主語」と「主体」は、ラテン語ではどちらも同じ“subiectum”である。なぜなら、「主語」として受け取られるものは、一般に生きた「主体」であり、それが1人称や2人称であるなら、個別の「実体」substans だからである。そして、それは個別の「主体」subiectus（わたし）である以外には無い。

繰り返すが、スコトゥスは、「述語は主語のうちに含まれている」という。つまりスコトゥスは、主語についての説明が完全なものとなるとき、主語と述語は完全に一致すると見なす。しかしその述語は、今度はアリストテレスが言うように、やはり3人称の真理であると考えた。なぜなら、科学としての神学の対象になるものは、対象化されたものでなければならないが、対象化されたものとは、抽象化され、3人称で受け取られる普遍でなければならないからである。すなわち、個別についての研究を進めたスコトゥスも、神学の「学問性」を問題にする段になると、アリストテレスと同様、真理はすべて3人称の客観的真理であるというピュタゴラス的な見方をとるのである。

しかし、今しがた述べたように、スコトゥスはアリストテレスとは違って、主語の内容を述語と同一視する。このことによってスコトゥスは、アリストテレスの考え方に反して主体の真理を「対象」のうちに含ませたのである。ところで、今しがた述べたように、「対象」のうちに含ませることは、主体の真理を客体の真理に含ませることを意味する。ところで、主体の真理と客体の真理を混ぜ合わせることは、両者の理解を混乱させる。

たとえば、一人の人間Aを考えて見よう。Aは、一人の人間として立っているのであるから、Aは個体の状態で3人称の主語にすることができる。たとえば、「彼は人間である」。しかし、Aはまた、具体的な個体であるから、1人称「わたし」の目前の相手として、やはり主語に取り上げることができる。この場合は、主語は2人称「あなた」である。たとえば「あなたは人間である」。

したがって、主語が個体となるとき、主語は1人称、2人称、3人称、どれでもありうる。そして、主語が個体であれば、述語に述べられる真理は、かならず偶然的な真理である。なぜなら、個体は偶然的存在だからである。なぜなら、個体は、それ自体は、在ることも無いことも、ありうるからである。この場合、アリストテレスが学問にもとめる「普遍的必然的真理」は望めない。

それに対して、主語が種名（普遍）であるとき、述語に述べられる真理が同じく「普遍」であれば、その真理は「普遍的で必然的」な真理でありうる。なぜなら、変化しない「普遍」と「普遍」の結合は、必然的でありうるからである。この結合において、ピュタゴラス的学の真理が成り立つのは、数学的真理がつねに普遍と普遍の結合や分離、その他の関係であることで明らかだろう。なぜなら、数学が用いる数は、たとえば「二」は、個別の、つまり唯一の「二」ではなく、どの個別者にも言うことができる普遍的な「二」だからである。

ところで、もしもスコトゥスがアリストテレスと同様に、3人称の述語的真理しか認めないのであれば、たとえアリストテレスに反して「述語内容は主語に含まれる」と考えるとしても、学問の真理としては、3人称の主語的真理のほかは認めないことになる。なぜなら、ギリシア語では述語の人称が主語の人称だからである。しかし、3人称の主語として取られるのは、個体だけでなく、種（普遍）でもある。しかも、すでに述べたように、スコトゥスは、神学を学問として規定する際に、まずその「対象」を問題にした。それはアリストテレスにしたがって、神学を規定するためである。言い換えると、神学を「科学」scientia として規定するためである。そしてアリストテレスにしたがえば、その「主語」は、「普遍」でなければならない。

しかも、学問がもつ「対象」は、「対象化」されたものでなければならない。ところで「対象化されたもの」とは、主観から切り離され、多数の主観によって共通に3人称として受け取られるものである。そのようなものとは、「抽象化されたもの」であり、「客観化されたもの」である。そして「対象化されたもの」が「抽象化されたもの」であるなら、それはやはり「普遍」でなければならない。

ところで、対象化されたものの内の一つを、対象化されたものの別の一つと結合することができるなら、つまり一方の普遍を主語として、他方の普遍を述語することができるなら、「普遍的に真なる命題」ができる。なぜなら、「普遍」は、生成消滅する個々のものから抽象化されていて不変であると受け取られるから、そういう「普遍」と「普遍」の結合は、必然的で永遠的だと言えるからである。したがってそれは必然的に真であり、普遍的に真なる「学的知識」でありうる。

しかし、もしも主語を個体として取るならば、普遍と結合することができたとしても、それは「偶然的な真」であるほかない。すでに述べたように、個体は、論理上、偶然存在であるほかないからである。

込み入ったことになっているが、以上の「論理」がスコトゥスの「神学」理解の基礎である。つまりスコトゥスは、あくまでも神学を一個の学問として確立するために、アリストテレスの「普遍的真理の3人称的学問」の規準に合わせて神学の対象を論じながら、その「対象」のうちに、「個別的真理の1人称的学問」を入れ込もうとしているのである。

6　スコトゥスの神学規定

キリスト教の「神」は、三つのペルソナの神である。同時に、唯一の神である。それゆえ「三・一の神」とも言われる。各ペルソナを、個々の実体として受け取れば、「神」は、それらに共通の本質として一つの「普遍」である。他方、神がもつ共通の「この本質」を「この一つ」として受け取れば、神は、共通な本質上も「個体」である。

そして述べられたことを当てはめれば、「普遍」が主語であるなら、「必然的に真なる命題」が可能である。スコトゥスは、それを「必然的神学」と言う。他方、個々のペルソナは、「個体」としてしか扱えないから、それについて言われることがらは、「偶然的神学」である。さらに、「この本質」としての「神」の真理も、偶然的真理であり、それを論じることができるのは、偶然的神学である。じっさい、ペルソナとは「仮面」を意味した。言い換えれば、「顔」である。人と人が相対するとき、相手の「顔」と会う。それと同じように、人が信仰生活を通じて神と直接に会うことは、神の「顔」と会うことである。神の「共通な本質」と会うことではない。

言うまでもなく、個々のペルソナも「神」であり、共通な本質も「神」である。神学は、この二つを総合するものでなければならない。なおかつ、個人の信仰が、ペルソナ相手のものであったなら、あるいは、「この神の本質」であったなら、信仰の実践的場面における神学は、偶然的であり、実践的であるほかない。他方、教会の教義についての普遍的結論をもつ神学は、必然的で理論的でなければならない。なぜなら、そうでなければ「異端か正統か」の判定が普遍的にできないからである。スコトゥスの神学規定をめぐる議論は、これらの間で揺れている。ただし、スコトゥスは、実践を重んじるフランシスコ会の博士として、「われわれの神学」は、「神を愛する実践に向けられた実践神学」であるとする方向に、絶対的に傾いている。

7 神の真理

神学は、一般的に言えば、神について語られる真理の論理的叙述である。そしてその公共的真理とは、教会が述べる真理である。正統信仰とは、教会が教える信仰であって、個人がたまたま出合った経験ではないからである。それゆえ、神学者スコトゥスが神学の土台に据えるのは、あくまでもキリスト教の公共的真理である。それはキリスト教を信ずる人々（社会）が共通に、客観的真理と見なす諸真理である。

他方、その真理のなかには、個々人が、自己の周囲に見出すものがある。「モーセの十戒」

にしても、キリストの「隣人愛」にしても、個々人が自身の生活実践において、つまり個々人の個別的具体的場面において、認識し、行動に生かすことがなければ、意味を持たない真理である。この種の真理は、それを自分から切り離すように「対象化」して正しく理解すれば認識が完成する、という種類の「客観的真理」ではない。なぜなら、もしもモーセの十戒、たとえば「ほかの神があってはならない」、「殺してはならない」が、公的に他人を裁くための規準、すなわち、被告人の裁判に用いる法律の一種で在ると思うのなら、それは、「裁くな」と言って他人を裁くことを戒めたキリストの教えと矛盾するのは、明らかだからである。

じつはモーセの十戒もキリストの教えも、むしろ自分個人（わたし）を戒めるための規準であり、法なのである。「わたし」が「ほかの神」を崇めてはならないのであって、ほかの人が、ではない。「わたし」が殺してはならないのであって、ほかの人が、ではない。他方、裁判で法によって裁かれるのは、第3者の行為である。「わたし」の行為ではない。すなわち、個々人が自己の実践に生かすべき十戒の真理とは、主観（わたし）の実践に関する真理（法）であって、主観（わたし）から切り離して、社会全体が「対象」として理解すべき3人称の「客観的真理」（法律文）ではない。

じっさい、中世スコラ哲学の創始者とされるカンタベリーのアンセルムスも、神の客観的「存在」を証明しようとしながら、自分が信ずる神に向かって「あなた」と、2人称で呼び掛けている。つまり中世スコラ哲学における「神」は、教会が教える「客観的存在」であると同時に、個人のまじめな信仰対象として、「主観的存在」でもある。しかし、それにもかかわらず、その明瞭な区別なしに神を論じるのが、中世の神学であった。

それゆえ、スコトゥスの神学規定にも、その混乱が現れる。

そもそもスコトゥスは、「個体」を精密に吟味した結果、質料や形相などの普遍者によってそれを説明できないことを確認している。*4 つまり個体を、「これ」として個別化する原理は、いかなる「普遍」でもありえない。したがって、スコトゥスによれば、普遍的に言われるもの、すなわち、質料であれ、形相であれ、実存であれ、どれをとっても、個体の「個別性」（このもの性）を説明できない。

しかも、スコトゥスは、わたしたちの認識のうちに知性の「直観認識」を識別した。この認識は、「何であるか」の抽象認識ではなく、ただ個体についてのたんなる「それで在る」ことの認識であり、個体に出合う個人の直接的な経験認識である。たとえば「これは白い」、「これは、あれより大きい」である。したがって、それは主観（わたし）において在る認識であり、1人称の認識である。たとえば「わたしは、この白いものを見る」、あるいは、「わたしは、これとあれの大きさを測った」。この種の認識は、また自分自身に明らかな認識（自明な認識）である。それゆえ、自分自身にとっては、確実な真理認識である。

他方、スコトゥスも、「経験的科学認識」（普遍的真理認識）はこの個人的経験認識を土台にしていることは、理解していたはずである。第一章で触れたように、のちにスコトゥスを尊敬したオッカムが、この直観認識の理論によって、神学の科学性を批判し、中世神学の歴史を終焉に導いた。

しかし、スコトゥスは、アリストテレスの主語・述語の論理を全面に押し出して、あくまでも神学の学問性（科学性）を守ろうとしている。その結果、スコトゥスは、わたしたちに理解しづらい論議を繰り広げる。

8　神学の「第一主語（主題）」と「第一対象」（1）

わたしたちはスコトゥスの論述の混乱に巻き込まれないように、混乱の背景となるものについて、再度みてゆきたい。まずは基準となるスコラ哲学の用語に触れておくのがよいだろう。すでに述べて来たように、中世スコラ哲学の用語は、アリストテレスの論理にもとづいている。

まずそれは「主語」と「述語」の対比である。この対比は、そのまま、「主観」（主体）と「客観」（対象）の対比である。原因論に移せば、「質料」と「形相」の対比である。形相は、それを含んだ質料から引き出される（抽象される）からである。それゆえまた、「主語」は文脈によって「主題」と訳される。そして「述語」は主語から引き出される「形相」である。そして周知のように、「形相」はプラトン哲学における「イデア」なので、それは「真理」である。述語において主語がもつ真理が述べられるというアリストテレスの哲学（真理観）は、このような「対比」の構造（論理）において成り立っている。

「対比」というのは「類比」（アナロギア）のことである。たとえば、「水」がそれ自体で質料か形相か問うても、答えは出ない。水は、他のものとの関係で、質料であることもあり、形相であることもある。たとえばわたしたちの身体との関係で言えば、「水」は、身体という形相に対しては、質料である。しかし、水素と酸素との関係で言えば、形相である。たしかに数値（デジタル）で考えることが科学的だと教え込まれた現代人には、このように対比的に考えることは不慣れであるし、非科学的だと見られがちである。

しかし、もともと、数学で用いる「数」は、「対比」である。なぜなら、「1」に対して「2」は、「1の2倍」を意味して作られているからである。何かを「1」と定めることが無ければ「2」以下は無い。他方、目に見えないものの分量であっても、たとえば空気の分量であっても、「1」の分量（尺度）を決めれば、たとえば「1リットル」を決めれば、或る部屋の中の空気の数を出すことができる。このように、「数」は、「1の倍数」であり、「比」を表す「ことば」だと言うことができる。

他方、「数」は、ものの「順序」を表すことがある。たとえば「2」は、「1」の「次である」ことを表している。この場合は、「数」は「比」を表していない。あくまでも「番号」であり「序列」である。

つまり「デジタル」（数値）は、順序数であるか、あるいは、比を表す倍数である。そして比の一方の数であるとき、それは「1」との比較を表す「アナログ」である。後者はその都度二者を考慮しなければならない。しかし、順序を表す数は、いったん「1」を決めれば、社会全体で序列の尺度が決まるので、その尺度に沿った「一つの数」だけで共通の理解が得られる。たとえば今年は何年か、というとき、あるいは、今日は三月の何日か、というときは、社会で「始まり」があらかじめ決められているので、何番目かを言えば、分かる。ものの長さも、尺度の数値が決められているので、「何センチ」が分かれば、それで長さが認識される。共通の尺度がなかったときは、そのときどきに規準を併せて決めてかからなければ、一定の数値を出すことはできなかった。たとえば、そうした理由もあって、かのソクラテスは、「ノミは、自分の体の何倍の距離を一度に飛べるか」という問題を出していたと、アリストパネスの喜劇でからかわれた。

現代ではさまざまな基準が世界で決められて居て、わたしたちは、基準のほうを考えないで、たとえば、ノミは何センチ飛べると、デジタルで考えることが出来るようになっている。そのためわたしたちは、倍数比としての数を、つまり類比的に理解される数を、順序数として受け取って理解できたと思うようになった。

つまり、本来、Aに対するBという「比」として考慮すべき数字も、順序数として受け取って、比を理解するための他方の数（Bに対比されるA）を頭から遠ざけて気づかない。言い換えれば、わたしたちは、原理抜きに、結論だけを知って、その分、頭を使わずに分かった気になっている。それが現代社会ではゆるされている。そしてこれは、わたしたちが古代の知恵者たちと比べて精神的に優れていることを意味するのではなく、逆に、それだけ精神的配慮の広さを失っていることを示している。

ところで、哲学は、科学を「比の真理」として原理的に理解するものである。したがって、哲学を理解するためにはそれだけ理解のための精神的配慮（原理から結論を理解する配慮）を大きなものにしなければならない。それゆえ、中世の哲学を理解しようとすれば、現代哲学の結論を学ぶことより、はるかに精神を柔軟に広げなければならない。どうしてもその覚悟がいる。

さて、以上のことを知ったうえで、スコトゥスが「神学」の「主題」ないし、そこから引き出される「対象」を、どのように述べているか、もう一度見ることにしよう。

スコトゥスは、『オルディナチオ』の序で、神学の対象は何かを課題とするとき、アリストテレスの『形而上学』第四巻第二章にあるつぎのことばを用いている。「学は主として第一のものを——その他のものがこれに依存し、これによってそう呼ばれ理解されるところの第一のものを——対象としている」（出隆訳）。

そしてこの対象の「第一のもの」をスコトゥスは「第一対象」と呼び、それを次のように定義している。すなわち、「第一対象とは、その学（所有）のすべての真理を、それ自身のうちに第一義的に潜在的に含んでいるものである」。そして「第一のものとは、それが他のものに依存しているのではなく、他のものがそれに依存しているものである」と述べ、さらに、「第一義的に潜在的に、というのは、含むことにおいて他のものに依存せず、むしろ他のものがそれに依存することである」と言っている。

これは、何かが在って（㋑とする）、ある学知の真理のすべてがその㋑に属することがらとして証明することができるなら、その学知の第一対象はその㋑である、という意味である。

哲学の議論のなかで、このように理解しづらくなるほどに多くの「ことば」が連なっているときは、多くの場合、論者自身のうちに、すなわち、スコトゥスの理解のなかに、じつは「すっきりしない」ものが在ることを示唆している。

じっさい、そもそもこれらの論理的にこだわった「ことば」は、アリストテレスが「学知」を、「正しく論証できる（正確にことばで証明できる）知」の意味で述べていることを背景にしている。つまりスコトゥスが引いているアリストテレスの『形而上学』第四巻の「ことば」は、また『分析論前書』第二巻第二一章、『分析論後書』第一巻第四章と第五章にあるアリストテレスの論考に、もとづいている。言い換えると、スコトゥスの学知の理解は、アリストテレスの『分析論前・後書』にある「第一のもの」についての論考を土台にしている。

その『分析論』の論述が手本にしているのは、「内角の和が二直角であることの論証が成立するのは、三角形を第一のものとして、である」という幾何学の例である。つまり、「内角の和が二直角である」という真理は、二等辺三角形にも、正三角形にも「在る」が、「三角形」であることを超えて、四角形や五角形には、「内角の和が二直角である」は、証明でき「無い」。したがって、「内角の和が二直角である」ことの論証は、「三角形」をもっとも広い「普遍」（領域の広さ）として、はじめて成立していると言うことが出来る。それが、アリストテレスが「第一のもの」と呼んでいるものである。

もう少し言うと、スコトゥスは、考察すべき主題として「神学の第一対象」を取上げるだけでなく、「形而上学の第一対象」と、「知性の第一対象」を取上げる。そして、「知性の第一対象」が「存在」ensであるから、神学の第一対象も、形而上学の第一対象も、「存在」なのだと考えている。なぜなら、「知性」とは「ロゴス」の能力であり、それが認識することを目指しているのは、すべての真理だからである。つまり「真である」と言えることがらのすべてが、知性を第一義的に満足させる。それは「内角の和が二直角である」ことの真理は、「三角形」において第一義的に満たされると言えるように、である。すなわち、すべての真理は、どの真理であれ、「知性」の能力において、第一義的に満たされる。言い換えると、真理を認識する知性は、それによって「最良の状態」に在る。

ところで、すでに述べたように、哲学にとっては、「真で在る」ものが、「実在する」ものである。それゆえ、「真である」ものは、「存在である」。したがって、知性を第一義的に満足させる真理は、存在である。

ところで、知性を最高度に実現する学問は、哲学者にとっては形而上学であり、キリスト教神学者にとっては神学である。しかし、いずれも知性が求める最高の学問であるから、その第一対象は、やはり「存在」である。

このようにスコトゥスは考える。しかし、神学の第一対象を「存在」と見る見方は、アリストテレスの「範疇論」（述語論）で真理の存在を考える視点である。なぜなら、神学の主題を「神」と見る立場は、反対に、「主語論」の見方だからである。ただし、ここでこのように言ったからと言って、神学の主題を「神」と見る見方が、かならずしもプラトン的だと言うことではない。たしかに、すでに述べたように、アリストテレスは「主語・述語」の論理によって、プラトンのイデア論が、本来、述語の位置にある真理を、主語化していると言って論理的に批判することができた。しかし、述語を主語化することと、主語を主語として取り上げることは、別のことである。なぜなら、述語の主語化は正しくないが、主語を主語と見ることは、正しいからである。

したがって、「存在とは何か」（形而上学）となると、プラトンとアリストテレスは二人とも3人称の主語・述語で論じているゆえに、二人の間に本質的な問いの違いがあるわけではない。すなわち、ハイデッガーが『存在と時間』の序で述べているように、「存在」を問題にした最初の哲学者はプラトンである。そしてプラトンが「存在」とは何かを問題にする視点は、ピュタゴラス学派のパルメニデスの哲学に由来するものであって、ソクラテスの哲学ではない（ソクラテスの哲学は、「ことば」のすべてを取り上げていて、主語論でも述語論でもない）。つまり存在を客観的に問題にする視点では、プラトンもピュタゴラス学派の学知（3人称の真理追求）の立場を取っている。

ところで、すでに触れたように、アリストテレスは、「形而上学」ないし「第一哲学」を「学知」として定義しようとするとき、三角形を第一のものとする真理を例に取り上げている。そしてそれは、明らかに「ピュタゴラスの幾何学」の例である。つまり「形而上学」を含めて、アリストテレスの学知の理解の仕方は、3人称の真理を求めるピュタゴラスの学知の理解である。アリストテレスの『形而上学』に、現代でも論理的に整理できない混乱があるとすれば、それは、アリストテレスが、「哲学」が本来は「ソクラテスの哲学」であるにもかかわらず、ピュタゴラスの学知の規準で一面的に「哲学」を成立させようとしたことが原因だと推測できる。

そしてスコトゥスは、神学の第一対象を論じるとき、一方でそのアリストテレスの論理に即して考察する。ところがスコトゥスは、他方で、アンセルムスを通じてソクラテスの一人称の哲学を受け継いでいる。それゆえ、スコトゥスの論述には混乱が起きている。なぜなら、中世の神学とは、キリスト教教義のギリシア哲学的吟味にほかならないが、ギリシア哲学には、ピュタゴラスの伝統とソクラテスの伝統の両者が同じ「哲学」の名で在るからである。

9　神学の「第一主語（主題）」と「第一対象」（2）

すでに引いたように、スコトゥスは「第一対象」を定義するとき、「依存している」、「含まれている」という「ことば」を使っている。しかしこれらのことばは、事物（3人称に限られること）に関しては正確に使えるけれど、「ことばの上」（論理上）のことになると、確実な説明ではない。なぜなら、「身体には水が含まれている」ということは、事物上で真偽を確かめられるが、「AがBに依存している」、「AがBに含まれている」という「ことば」は、主観と客観を区別できない「ことばの上」では、逆も真だからである。

じっさい、わたしたちは事物経験を基盤にして「ことば」を学ぶ。その意味では、すべての「ことば」の意味は心の内に在っても、どれも事物という客体についての経験に「依存している」。言い換えれば、事物に「含まれている」。しかし、それに対して、自分の心という主観的視点に立ってみると、わたしたちが出合うどの経験も、「心のはたらき」を通してでなければ「ことば」にはならない。「ことば」が伝わるのは、その「意味」が伝わることであり、「意味」の理解は、「心のはたらき」だからである。したがって、この理解によれば、すべての客体の経験は、心のはたらきに「依存している」、あるいは、「含まれている」。したがって、すべての主観は「事物に依存している」と言うことが出来るが、反対に、すべての客観的事物についての経験は、可能性として「主観に含まれている」と言うこともできる。

同じように、人間（心の成長）は、周囲の環境に依存すると言われ、一方で、個人の遺伝的な性質にもとづくと言われる。地球上で各地域の民族文化は、砂漠の環境か、緑豊かな環境か、そうした自然環境に影響されるものと言われ、他方、民族の精神的性質にもとづくと言われる。また哲学は、近代ドイツの観念論のように主観主義が真理であると言われ、あるいは、マルクスが言うように、唯物論が真理であると言われる。いずれにも説得力はあって、結論は出ない。

スコトゥスの「神学」の主題ないし対象についての議論には、同様に、背反する同じ二律が見られるのである。スコトゥスは『オルディナチオ』の序の部分で、精密な議論を展開するが、いつまで議論しても有効な解決に至らないようすである。じっさい、そこには込み入った議論があるだけである。

しかし、どんな問題であれ、すっきりと理解するためには、「ことば」を正しく吟味しなければならない。なぜなら、事実を正しく語る「ことば」によってしか、正しいことは分からないからである。

すでに説明したように、「対象」の概念は、知性による「抽象」によって、それが「自己から切り離されて考察されるもの」であることを意味している。したがって、スコトゥスがアリストテレスにならって「神学の対象」を問うとき、「神学」はもはや1人称の主観的真理を問う哲学の視点からではなく、3人称の客観的真理を問うピュタゴラス的学知の視点から見られている。

ところで、対象としての「神学」で問われるのは、2人称（あなた）である「神」ではなく、3人称の「神」（対象化された神）である。つまりそこで問われているのは、「わたし」や「あなた」である神ではなく、人々から共通に「神である」と言われているところの神である。

ところで、アリストテレスにならって言えば、「三角形である」は、「内角の和が二直角である」と普遍的に（全体的に）一致している。それゆえに、前者は後者の「第一対象」、「第一のもの」と言われる。それと同じように、「神である」は、「父である」、「子（キリスト）である」、「聖霊である」、「宇宙の造り主である」、「万能である」、「正義である」、「真理である」、「一つである」、「善である」等々の述語と、普遍的に一致している。普遍的に一致していることは、逆もまた真であることであるが、「神である」は、これらのうちで「第一のもの」であるゆえに、スコトゥスによれば、「神である」が神学の「第一対象である」と言われる。

しかし、スコトゥスは、対象は主語の内に含まれると言うことによって、神学の対象を「対象」（客体）に留めない。すなわち、スコトゥスは、アリストテレスの学知の規準を乗り越えて、「第一対象」は「第一主語」のうちに含まれていると言う。たしかに、「神は、神である」と言うは、普遍的に真である。それゆえ、「神」は、神学的真理全体、すなわち「神である」と言うことができるすべてについての「主語」である。しかし、「対象」と呼ばれるものは、すでに述べたように、「抽象されたもの」であるから、「3人称の普遍である」。しかし「主語」は、

1人称、2人称、3人称、どれもありうる。なぜなら、ラテン語においては、述語動詞においてでなければ主語の人称は定まらないからである。

したがって、「主語」単独では、1人称、2人称、3人称のすべての真理が含まれる。つまり主語において「神」と言ったとき、その「神」には、3人称の神と、「わたし」や「あなた」である「神」が含まれる。ところで、1人称的真理と2人称的真理は、個別的真理であるがゆえに、「偶然的真理」である。なぜなら、「必然的真理」であるためには個々の特定の場面における真理ではなく、つねにそうであるという「普遍的真理」である必要があるからである。言い換えると、「普遍的で必然的である」ためには、主語が何であろうと、時空全体にわたって「共通的」であることが必要である。そのためには、主語は3人称でなければならない。

しかし、モーセやモーセの民に対して、あるいは、ダヴィデに対して、あるいは、ペテロやパウロに対して、現れた神は、つねに「わたし」であり、「あなた」である神である。この神は3人称の普遍としての神ではなく、1人称、2人称の、個別的神である。その神は、特定の場面で、特定のはたらきかけをした。それゆえ、そのはたらきかけは、その特定の場面での真理である。つまり偶然的である。しかしながら、どの神も同じ共通の神である。もしも「共通的である」のならば、それは「普遍」であると言えるとすれば、モーセやダヴィデを相手にした「神」は、「普遍の神」である。

しかし、すでに述べたように、「共通である」ことは、「真である」ことの尺度であるが、3

人称で対象化されるものの「共通性」として言われる「客観的抽象的普遍性」とは別である。なぜなら、後者の「共通性」は、多数の人間によって「作られたもの」だからである。前者の「共通性」は、そうではない。

教会（エクレシア）において一致している真理は、教会に所属する多数の人間によって「造られたもの」でなければならない。その真理は、神学の「第一対象」に含まれ、「普遍的」で「必然的」な真理であると見られる。なぜなら、「エクレシア」は「集会」を意味しているからである。つまり神に関する「普遍的真理」は、その集会で作られた真理であって、モーセやダヴィデが出合った真理ではない。じっさい、主観（わたし）にとっての神の真理は、偶然的で個別的である。そもそも、「わたしが信ずる」ということが、「わたしの生活」上の実際的信仰である。その信仰対象の「神」は、「わたしの行為」の「原理」である。それゆえ、十戒であれ、キリストの愛の教えであれ、まさに「わたしの生きる生き方」を指導し、律することができるのは、「あなた」（2人称）である「神」であるほかない。教会が普遍的に作った客体としての神ではない。

10　聖者フランシスコ会の神学

聖者フランシスコ（一一八一年～一二二六年）は、北イタリアのアッシジに生まれ、若い頃にすべての財産を捨てて無所有の生活のなかで「神の愛」を説いて諸国を遍歴した。彼を指導者として仰ぐ修道会は、「小さき兄弟団」（ordo fratrum minorum）と名付けられた托鉢修道会であった。つまりそれまでの修道会は修道院という建物に棲み、神を賛美し神に祈りをささげることに専従したが、フランシスコ会は、建物から出て、ちょうどキリストが行った生活のように、施しを受ける（托鉢）生活で、キリストの教えを広めた。現実には残念ながら一部に脅しまがいで施しを求めるフランシスコ会の修道士も世間に出没したが、誠実に清貧に生きる修道士も多かったために、一般民衆の人気は高かった。

そのため、フランシスコ会には独特の精神性があった。つまりキリスト的清貧（無所有）とキリスト的愛の生活（実践）を重視する精神性である。

ところで、ギリシア哲学の論理に従えば、精神的なものとは言え、信仰も学問も、人が獲得した「所有」である。ただし信仰は、獲得したものであっても、神の愛の実践によって施し返すことができるから、所有であっても私有の罪は、逃れることができる。しかし「学問の獲得」私有は、人々に向けて返すことが一部の頭脳に限られるために、フランシスコの精神に従えば、罪であると受け取られかねない。じっさい、それゆえにフランシスコ会は、アリストテレスの学問の研究において控えめで、スコトゥスの時代、まったく遅れていたのである。

専門的な研究が進んでいたのはドミニコ会がもっていたケルンの研究所であった。ドミニコ会に入ったトマスがアリストテレスの哲学を早々と神学に取り入れることができたのも、ドミニコ会（正式名称「説教団」ordo praedicatorum）が「学知の獲得」に積極的に意欲を持つことができたからである。すなわち、それは、どの知であれ、それを獲得することは神のために役立たせることができる、という信念である。そのために、ドミニコ会には学問所有に対する罪意識がなかった。

スコトゥスが当初学んだオックスフォードの学者たちは、十二世紀以前に入手したアラビアの科学（光学・解剖学）については大陸の学者たちより知識があった。しかし、聖者フランシスコの教えを受けて、新しく入って来たアリストテレスの研究は遅れていたのである。それゆえ、すでに述べたように、スコトゥスはケルンのドミニコ会のアリストテレス研究に頼っていたようすがある。じっさい、当時のアリストテレス研究の進展は現代の専門家のアリストテレス理解と遜色がないほどである。少なくとも現在わたしたち一般人が受け取る「アリストテレス」は、中世が研究して結論した「アリストテレス」と大差ない。

スコトゥスの神学研究は、このような状況の中にあった。じっさい、スコトゥスはフランシスコ会の精神にしたがって、人祖が無原罪の状態にあったとき、人祖は「無所有」であったことから、人間は自然本来では無所有であることを一方で主張する。*5 他方で、スコトゥスはフランシスコ会の博士、ボナヴェントゥラ（一二一七年?～一二七四年）やグロステスト（一一七五年?～一二五三年）が唱えた「キリスト中心主義」（神学の主題はキリストだという説）は、否定している。スコトゥスが自分の修道会の先輩神学者の説に従わなかった理由は、学知の規定に関して、アリストテレスに従ったからである。つまりキリストという一つのペルソナを神学の特別の対象とすることは、アリストテレスの学知の規準からすれば、間違っている。

なぜなら、三つのペルソナは等しく神でなければならないからである。つまり、一方で「あなた」である神と実践的に向かい合うことは、ペルソナの一つと向かい合うことであって、三つのペルソナ全部と向かい合うことではない。したがって、実践を重んじるとき、ペルソナのうちで「キリスト」を特別に取り上げることは、たしかにフランシスコ会の精神には合っている。しかし、アリストテレスの学知は観想的学知を学知の規準として、真理の普遍性、客観性を重視する立場である。この立場からすれば、神学の対象を「一つのペルソナ」に限ることは、その普遍性の規準から見て、受け入れることはできない。

そのようにスコトゥスは、アリストテレスにしたがって神学の対象を対象化された神に限定しておきながら、それでもフランシスコ会の博士としてスコトゥスは、理論（知性のはたらき）ではなく、実践（意志のはたらき）を重んじる神学を主張することをやめていない。すなわち、『オルディナチオ』の序の最後の問題で、スコトゥスは、「わたしたちの神学は、観想的な学ではなく、実践的学である」という主張を比較的長く論じている。つまり神自身においては、「神学」（神自身についての知）は、観想的であると言えても、啓示を受けたわたしたちがもつ「神学」は、神を愛するための指導となる学であるから、実践的学であると言うのである。三つのペルソナについての神学論も、神を愛するために、神を知ることであって、神を知ることに終始するためではないと、スコトゥスは主張する。

このように、スコトゥスの神学論は、内部に深刻な矛盾をかかえている。オッカムが後に、学問としての神学に疑いをはさみ、実質的に中世神学は終焉を迎えるのであるが、オッカムのしたことは、スコトゥスが控えていたものを表に出しただけだとも言える。

11　信仰の哲学としての神学

言うまでもなく、カトリック教会を支えるものは、一般人には理解しがたい神学者の論議ではなく、教会が教える教義を民衆が「信ずる力」であった。しかしその「信仰力」は、すでに社会に広められていた教会の教えを、人々が「従順に」受け止める力である。その力は、社会の有力者に対してつねに従順である人に大いに期待されたが、人間社会の中には、独自に考え、独自に主張する人々も、必ずいる。ギリシアから来た哲学は、そうした人々を「学問」の権威性によって奮い立たせた。じっさい、「哲学」は、「神学」の名のもとに教会の教えの「ことば」を吟味する。すなわち、教会が教える「信仰」は、いわば人がやすやすと歩くことが出来る神に向かう「舗装道路」であった。そして「哲学」は、教会権威の許可を得て、その「舗装」を点検して回り始めた。

とくに新たに入って来た「アリストテレスの哲学」は、若い人々の目を、生きている神よりも周囲の自然に向けさせるものであった。それは教会が見ていない世界だった。それだけに、もっぱら「信仰を教育する」カトリック教会側としては、大きな危険を感じた。したがって教会の教義が脅かされるのを感じた度に、教会は哲学の研究（論争）に嫌疑をかけ、大学の教員に対して、あるいは修道院の学校の教員に対して、学説の一部を教えることを禁じた。当時は、修道院に居なくても、一度は修道士になって（修道士になるための誓願を立てて）修道院で学んだものが「教師」であったこともあり、特別に自尊心のある教師以外は教会の指導に従ったと思われる。

十三世紀の「神学」は、つねにそういう状態であった。教会によってのちに列聖されたトマス・アクィナスの学説の一部ですら、トマスの死後、一時的であれ、禁止項目に数えられた。

ほぼ十四世紀のはじめに構成されたドゥンス・スコトゥスの『オルディナチオ』（命題集註解）は、当時、カトリック教会が混乱期に入っていたことと、スコトゥスの並外れた気遣い

（教会教義にいっさいはずれることがないように精妙に自分の主張を検討したこと）によって、トマスのように、異端の嫌疑をかけられることはなかった。ただし、その一方、彼の精妙さと、彼が、当時教皇と軋轢が始まっていたフランシスコ会の博士であったことが原因となって、スコトゥスの神学は教会中枢には広がらなかった。ことにスコトゥスの死後、教皇とフランシスコ会の仲が一時不穏になったことが大きかった。ドミニコ会のトマスが一六世紀には列聖されたのに対して、スコトゥスが長く列聖されず、最近一九九二年になってようやく「福者」beatus ないし「聖者」sanctus としてカトリック教会に迎えられたのは、*6 そういう歴史があるからである。

とはいえ、教会の評価とは別に、すでに大学での学科となっていた神学には、神学独自の歴史があり、彼の神学は、数えきれないほどの会員数を誇るフランシスコ会の勢力に支えられて、ヨーロッパの各大学の神学部において研究され続けた。それゆえ、カントが哲学教授であった十八世紀のヨーロッパ大陸において、スコトゥス神学は案外に主要な神学として教えられ続けた。そのため、賛同するかしないかは別として、カントやライプニッツに対しても大きな影響があったと考えられる。あるいは、現代アメリカ哲学（プラグマティズム）のパース（一八三九年～一九一四年）も、彼がもった「形而上学クラブ」で、スコトゥス神学を研究している。

それゆえ、ドゥンス・スコトゥスの『オルディナチオ』（命題集註解）のプロローグの部分で論じられている「神学論」は、中世の神学の最終形がどのようなものかをわたしたちが知るうえで、大いに役に立つ。たしかに、じつのところ、その神学論の結論的部分は、すでにトマス・アクィナスが『神学大全』の第一問題で論じていたことと大きくは違わない。[*7] 結論を得るための論理的整理が少々異なるだけである。しかし、中世最終の成果となったスコトゥスの神学に触れることで、古代と近代の中間に確かにあった哲学の時代を、具体的に垣間見ることができる。そして、前章までに述べて来たことと合わせて「中世スコラ哲学」は、現代に生きるわたしたちに橋渡しできる何かがあると、読者にも思っていただけるのではないかと思う。

12 アウグスティヌス主義の神学

すでに述べたように、中世スコラ哲学は古代のアウグスティヌスの視点を引き継いで生まれている。ドゥンス・スコトゥスは、その伝統に忠実であった。一方で、十三世紀の神学者としてアリストテレスの科学的視点を取り入れていた。たしかに、スコトゥスは「直観」(主観)という視点を「神学」に持ち込むことによって「真理」の根拠を、より正確なものにした。ただしスコトゥス自身においては、それは自己活動の自明性を科学的真理の根拠とするところまでであった。それを用いて、オッカムのように、「神」の不可知論まで踏み込むことはなかった。

じっさい、教会が信ずることを人々に求めた「神」は、一人一人から離れて、「対象化」され、人々から「3人称で呼ばれる神」でなければならなかった。なぜなら、教会は被造物の全世界を基盤にして伝統を重んじる組織でなければならなかったからである。一方ですでに述べたように、対象化された真理であっても、その根拠となるのは主観的に共通な真理である。すなわち、すべての人の「わたし」にとって「真理」であるものこそ、対象化されたときに真理と認められるもの、「客観的真理」であった。じっさいアウグスティヌスにおいても、直接に祈る相手の神は「2人称の神」であり、自分を直接に支える内なる神は、「1人称の神」であった。そして教会が示す神は、その神と同じ名の善遍的な神であった。

しかし主観的真理の真理性と客観的真理の真理性の関係は、中世において十分に理解されていなかった。すでに古代のプラトンやアリストテレスにおいて、ピュタゴラスにしたがって対象化された真理こそが真理の実体である、と考えるのが一般的であった。それは中世に引き継がれ、近代、現代にまで続いている。そもそも、直観の明晰さに真理の根拠を最初に示したのはスコトゥスであるが、それは近代において、デカルトに受け継がれた。ところで、「直観」の明晰さは、個々人の個別的な認識の明晰さであるから、疑いもなく、「主観」の明晰さである。したがってそれは「主観の真理である」と考えるべきなのであるが、そのような理解は、アリストテレスの哲学の名によって、中世においても完全に抑え込まれていた。

したがって、神の存在も、教会の教義も、「客観的真理性」が証明されなければならなかった。一人一人が直観でとらえることができなければ（個々人が個別に直接経験できなければ）それが存在するとは言い切れないと言って、オッカムのように主観の真理によって「3人称の神」を否定することになれば、カトリック教会は「共通な信仰」の根拠を失うことになった。そしてそれは同時に、「共通な学」（複数の学者によって共通に論じられるもの）としての「神学」を失うことであった。

じっさい、過度に直観を重んじたオッカムに至って、学問としての「神学」は事実上消滅した。しかし直観の領域を地上の物事に限ることでその一歩手前に居たスコトゥスにおいては、神の普遍を扱う「神学」は、まだ生きた状態にとどまっていた。スコトゥスの神学は、「主観の真理」と「主観の信仰」を、客観的対象に含まれたものと見なして、「教会教義の客観的真理性」を危うく守る形をとった中世最後の神学である。そしてそれは、それ以前からの神学的議論の最終形と見ることができる。

とはいえ、まずは神学の最初の形、そのひな型を考えていたアウグスティヌスの考えを見ておこう。

アウグスティヌスは、『神の国』第十一巻でつぎのように言っている。

しかし神は真理そのものによって語る。それを聞くにふさわしいものは、精神であって身体ではない。なぜなら、神は人間の或る部分に向かって語るからである。すなわち、人間の内に在ってはそれ以上により善い部分はなく、それより善いのは神だけである部分［理性］に向かって、神は語るのである。なぜなら人間は、もっとも正しくは、神の似姿と理解されるものであり、たとえ理解はされないとしても、少なくとも神の似姿に作られたと信じられているからである。たしかにその部分によって、人間は、罪を共通にもつ下位の部分のものよりも、すぐれて、神により近くある。

しかし、ことばと知解力が生まれながらに内在している精神自身は、古くから刻み込まれた暗い過誤によって、不変の光を享受して固着するどころか、真にやり通すこともままならない。精神が日々に新たに、そして健全なものになって、そのような幸福を精神が受け取ることができるまでになるためには、まず、信仰によって教育され、清められなければならない。精神において人がより確信をもって真理に向かって歩むために、真理そのものである神、神性を捨てずに人性を受け取った神の子である神が、神であるままに、信仰を確立した。それは、人間が神へと至る道を、神である人間によって整えるためであった。*8

アウグスティヌスによれば、神は人間の目的である。しかし人祖アダムにおいて過ちを犯した人間は、どのようにしたらそこに至ることができるか分からない。しかし神に至るその道は、神という目的と、わたしたちの間にある。キリスト・イエスは神であるゆえに「目的」であり、人間であることによって「その道」となっている。しかしわたしたちの精神は、原罪をもち、そのために目的も、それに至る道も、よく見えない。それゆえ、まずは、わたしたちは信仰によって清められなければならない。これがキリスト教信仰である。

ところで、「神学」は、哲学的吟味によって精神を訓練し、まずはその目を養う。そしてイエスが示した「道」を吟味することによって、その道を見出す。ほぼこのような理解のもとに、アウグスティヌスにしたがう中世の神学者たちは、信仰を堅持しつつ、さまざまな見解を吟味することで、傲慢になることを避けながら、哲学によってキリスト教信仰の道を明らかにすることができると信じていた。

13 スコトゥス『命題集註解――オルディナチオ』のプロローグ第一問題

そのようなアウグスティヌスの精神を引き継いで、十三世紀中頃にトマス・アクィナスは『神学大全』を書き、十三世紀の末から十四世紀のはじめ、神学者スコトゥスは『オルディナチオ』（命題集註解）を書いた。そしてまだ神学者としては若いスコトゥスが、プロローグの最初にかかげた問題は、つぎのような問題であった。

はたして現今の人間には、超自然的にインスパイアされた何らかの教えが、すなわち、自然的知性の光によっては到達できないなんらかの教えが、必要だろうか。

すなわち、聖書の教えは超自然的な教えであり、神からインスパイアされた預言者から、あるいは、キリストから、聞いた教えであり、それは、霊的にのみ聞くことができた教えである。他方、自然的知性の光とは、人間理性が地上のことがらを経験して真理を得る力である。したがって、この問いは、人間は一般にキリスト教会の教え、すなわち、自然理性の力だけでは得ることができない教えを必要としているか、という問いである。

スコトゥスは、まずつぎのように言っている。

この問いに関して、哲学者と神学者のあいだに論争がある。哲学者たちは自然の完全性を主張し、超自然の完全性を否定する。一方、神学者たちは自然の不足を認識し、恩寵の必要と超自然の完全性を認める。

つまりアリストテレスのような哲学者は、人間は、理性という生まれながらの能力と、自分たちが経験することがらがあれば、そこから生きていくために必要なことはすべて知ることができると考えている。他方、キリスト教の信仰をもつ神学者は、それだけでは十分でなく、神から受け取った「聖書」という「恩恵」(gratia)が必要であると考えている。つまり一方の哲学者は、「自然」を「完全」なものと認めている。そして他方、神学者は、「自然」には「不足」があって、それを「超自然」によって「補完」しなければ「完全」なものは得られないと考える。

ここには「自然」natura についての全く異なった理解がある。じっさい、両者の相違は自然の全体が、ほんとうにそれで全部だと見るか、自然の全体に欠損があって、全部ではなくてじつは片方の一部でしかない、つまりもう片方の一部を持ち寄らなければ全部(完全)にならないと見るか、という違いである。「一部欠損がある」という考えは、わたしたちが経験する自然だけでは全部がそろわず、残りの一部の「自然」が、完全であるためには必要だという考えである。「自然」という一語についてのこの対立を、「自然」についての端的な違いと見て、哲学の理性的「問答」を放棄すれば、神学は成り立たない。スコトゥスの言う哲学者と神学者の言い分の違いは、そこにある。

スコトゥスは、この違いがあっても「問答」は成り立つと考えた。しかし、この問答が論理的に成り立つためには、「自然」という「ことば」において「共通の理解」が成り立たなければならない。なぜなら、問答が解決を得るとすれば、「共通の理解」に達しなければならないからである。すなわち、「自然」についての「共通の理解」に達しなければ、問題の解決とならない。じっさい、地上で経験できる自然ではないために、「超 - 自然」supernaturalis とは言っても、「神の自然」natura Dei なのである。したがって、じつのところ、神学者スコトゥスは「自然」を神の存在にまで拡張している。しかもその神は、教会が主張する「3人称の神」であると同時に、信者にとっての「2人称の神」である。後者はアウグスティヌスの神であって、アリストテレスが知らない神である。すなわち、「自然」の意味が、その都度、二重にも三重にも意味を重ねている。地上で経験できる自然、神の自然、両者に共通の自然、3人称の神の自然、2人称の神の自然である。スコトゥスの議論は、問題の局面に応じて、その「自然」の間を縫うように進められる。

14 アリストテレスの学とスコトゥスの神学

スコトゥスは、アリストテレスの「自然学」とギリシア語の論理を駆使することで、遠い天体をも含む宇宙論その他を展開できる「形而上学」が成り立つことを認める。これは十三世紀の学者が共通に認めていたことである。したがって、「自然」の意味も、第一義的にアリストテレスの自然学に則るほかないことを、彼はまず認める。

一方でスコトゥスは、キリスト教神学を論じるために、アリストテレスの言う「自然」のうえに、「超自然」を載せる。なぜなら信仰をもつものは、アリストテレスが知らない信仰内容を確かにもっているから、「知らない」とは言えないからである。そしてそれはアリストテレスの視点からすれば、「自然の外」から聞いたものであった。なおかつ、その（超自然の）信仰は、人間の（わたしが）現実に生きる「目的」を教えるものだった。すなわち、「神と面と向かって会う喜びの味わい」*9（裸の神直視とその享受 visio Dei nuda et fruitio）、あるいは、「神的意志の受納」*10（神の愛の受け取り acceptatio voluntatis Dei）であった。それは3人称の神ではなく、特別な「2人称の神」である。なぜならその神は、1人称の「わたし」が、会うべき「神」、あるいは、その喜びの「愛」に満たされるべき「神」だからである。

他方、アリストテレスの「自然」は、みなの周囲に広がっているものであり、3人称で指摘することができる「自然」である。それゆえに、自然学とそれに続く形而上学は、人間個人（わたし）から離れた「事物」を教えるが、人間（わたし）の「生き方や目的」を具体的に教えない。したがって、「自然学」と「形而上学」とは別に、アリストテレスは「倫理学」を論じる。なぜなら、人間の生き方や目的の真理は、事物についての客観的（対象的）真理ではなく、人間主観（わたし）の真理だからである。ただし、アリストテレスは倫理学を主観とはいえ、「1人称複数」、すなわち、「わたしたちの社会」（共同主観）を規準にして論じる。

ところが、スコトゥスが神学で扱う「神」は、教会が教える「唯一」の宇宙に君臨する創造神」でなければならないと同時に、信者（わたし）が生きる「目的である神」でなければならない。したがって、神学は、アリストテレスの学に置き換えれば、キリスト教信者にとっての「形而上学」であると同時に「倫理学」でなければならない。

それゆえ、スコトゥスの「神」は、第一に、「自然」を超えた性格をもつ「神」であると同時に、第二に、「3人称の神」でありつつ「2人称の神」という二重の様相をもった「神」である。

ところで、スコトゥスによれば、第一の性格ゆえに、その「神」の必要性は、信仰にもとづいて「説得する」ことができるだけである。つまり「複数の信仰内容を前提としてそこから或る信仰内容を結論する神学的説得」（persuasiones theologicae, ex creditis ad creditum）のみがある。[*11] それゆえ、自然を超えた神の必要性を、「自然を根拠にして、アリストテレスに反対して証明することはできない」[*12]（impossibile est hic contra Aristotelem uti ratione naturali）。

他方、神がもつ第二の性格ゆえに、スコトゥスは神の二重の様相にしたがって神学を、「理論的（観想的）神学」と「実践的神学」に区分する。

15　神学の対象と知性の関係

すでに述べたことから明らかなように、神学は、神を主題とすることによって、アリストテレスの自然学と倫理学が扱う内容を取り込む。すなわち、アリストテレスにおいては、北極星を定めている第一天球が「第一目的」となって、以下、諸天球が動く「目的」となってつづき、最後に、太陽や月を動かしている天球によって、地上のあらゆるものが動いている。したがって、自然の中に目的因も起動因も形相因も質料因もある。そして倫理学は、理想の政治制度のもとに幸福な人間の生活があることを見出すべく、基盤となる人間生活の「善」＝「徳」を論究する。ここには「善」という目的因と「徳」という形相因が検討される。

しかし神学者スコトゥスは、第一天球を超えて、神という「第一目的」を置く。「超えて」と言っても、自然の秩序はより上位に進むだけである。つまり神と被造物は、一貫した「秩序」にしたがって見いだされる。したがって神学は、自然学の領域を超えた神の自然本性を、人間の自然本性と対比させつつ扱うが、同じ秩序のなかで扱う。ゆえにアリストテレスの自然学と形而上学の関係がそのまま適用されて、スコトゥスによれば、第一天球を扱うまでは「自然学」であり、天使や神まで扱うときは、「形而上学」ないし「神学」と呼ばれる。

他方、中世においては、人間の精神生活は王の政治のもとにあったのではなく、教会の指導を受けていた。そしてそれは神を目指して生きる生活であった。それゆえ、神学は国家の政治制度を論究することはなく、むしろ教会の信者として神を目指す「生活の徳」が論究された。それはアリストテレスなら「倫理学」の分野であった。したがって神学は、中世スコラ哲学では、「形而上学」に即した「理論的（観想的）神学」（テオロギア・テオーリア）と、「倫理学」に即した「実践的神学」（テオロギア・プラクティカ）に区別された。

ただし、アリストテレスでは、「実践」（プラクシス）は「正しい身体的実際行動」を意味していたが、スコトゥスにおいては、むしろ「正しい意志（精神）のはたらき」を意味した。それゆえ、何よりも「神を愛する」ことを理解することが、スコトゥスにとっての「実践的神学」であった。しかしそれはまた、修道士司祭スコトゥスが属したフランシスコ会が求めていた神学であった。

しかしながら、「学知」scientia と呼ばれるものは、「対象と知性」のはたらきによって生ずるものと理解される。そして対象のうちには物体的なものもあれば精神的なものもある。すなわち、低次のものから高次のものまで、段階的にある。そしてそれに合わせて、その対象を理解することができる知性のはたらきには、低次から高次にわたる段階がある。すなわち、神の知性、天使の知性、人間の知性、そしてどれだけ高次のものを理解できるかに従って、すなわち、さらに人間の中でも、各人の知性には、能力に段階がある。

それゆえ、「神」を対象として、それをもっとも高次に理解できる知性は、神自身の知性である。その下に位置するのは、天使の知性である。そして人間の知性は、神を理解できる最低段階の知性である。

それゆえ、対象と知性のはたらきの結果生ずる学知としての「神学」には、神の知性のはたらきにおける神学と、天使の知性のはたらきにおける神学と、人間知性のはたらきにおける神学がある。それゆえ、もっとも完全な意味での神学、すなわち、「神学それ自体」と言えるものは、「神の知」であり、人間がもつ神学は、「もっとも不完全な神学」であり、「わたしたちの神学」と言われる。

そして神の啓示（聖書）は、人間がそれを用いて「わたしたちの神学」を得ることができるように、神が与えてくれた特別の資料だと見ることができる。そして聖書に述べられた啓示によれば、人間は神の「かたどり」と言われているから、人間知性は、神の知性の「かたどり」だと信じられる。つまり不完全であるが類似したものである。そうだとすれば、「わたしたちの神学」は、完全な学知「神学それ自体」の不完全な類似にまでは至ると言える。

そして「わたしたちの神学」が、「神学それ自体」の不完全な類似と言える理由は、神においては「知識」として明瞭に知られていることが、人間においては教えられて「信じられている」だけで、「明晰に理解されていない」からである。これについて、スコトゥスは例を挙げてつぎのように説明している。

それ自体としての神学は、神学の対象とそれに比例した知性があれば、そこに自然に生じる認識である。それに対して、わたしたちの神学は、わたしたちの知性が生まれながらの能力の範囲で、その対象について得ることができる認識である。たとえば、或る知性が幾何学的事実を理解することが出来ない場合でも、その知性が幾何学的事実を信じることができるとき、幾何学はかれにとって〈信仰〉fidesであって、〈学知〉scientiaではないだろう。しかしながら、幾何学はそれ自体としては学知である。なぜなら、幾何学の対象は、それに比例した知性のうちには、それ自体としての学知を自然に生じさせるからである。[*13]

幾何学は、それを十全に理解して、研究している幾何学者にとっては「幾何学」という学知である。つまり幾何学の内容に比例した知性というのは、それを理解できる（証明できる）知性のことである。しかし、幾何学の定理は憶えているけれど、なぜそれが定理になっているか知らない人が「三角形はどんな三角形であっても、その内側の角度を全部足すと百八十度になる」ことを、他者に自慢げに話して、それが真理であることをその人に信じさせることができたとしても、この両者にとって、その幾何学の定理は「学知」ではなく、「信仰」だと言うのである。キリスト教信仰もこれと同じようなものであって、神学は、神においては学知であっても、信者にとって、またそれを教える教会司祭にとって、学知ではなく、信仰だと言うのである。

　したがって、学知としての神学は、オッカムを待つまでもなく、すでにスコトゥスにおいても、事実上、認められていない。なぜなら、人間が語る神学は、「神の神学」ではなく、理解能力に限界があるわたしたちが、信仰にもとづいてもつ「わたしたちの神学」だからである。それでも「学」と名付けられるのは、信仰内容が羅列されずに、原理から結論を導くように、信仰内容の間にある論理的（ことばの）関係を吟味して、その秩序を神学者は明らかにするからである。つまり、あくまでも「学問らしき」姿がつくれることで、それは「神学」なのである。「厳密な意味での学」ではない。

　それゆえまた、スコトゥスは、学問の秩序として、神学を、他の諸学からはまったく別の秩序に置いている。すなわち、アリストテレスにおいては、たとえば、光学は、幾何学を応用するから、幾何学の下に秩序づけられた。同様に、形而上学で吟味された結論が、他の諸学の原理とされることから、スコトゥスによれば他の諸学は形而上学の下に、秩序付けられる。ところが、神学は、スコトゥスによれば、それらの秩序から外される。つまり神学は形而上学よりも優れた学問であると言われるが、神学の下に形而上学が秩序付けて置かれるのではない。なぜなら、神学は、「学知」scientia と呼ばれるより、より正確には、「知恵」sapientia だからであると、スコトゥスは言う。つまり神学は、他の諸学の秩序のうちにないのである。

　このことは、アリストテレスにおいても、本来、倫理学は政治学につながる秩序をもっていて、自然学と形而上学の秩序とは別の関係に置かれていることからしても、突飛な主張ではない。むしろ主観的真理の学と、客観的真理の学を区別した理解であると言うべきだろう。

それに対してオッカムは、信仰内容の認識は、原理的に、直観知という人間の自然な経験知につなげることはできないという理由にもとづいて、神学はわたしたちにとって端的に「学知」として認められないと考えた。しかしこの結論は、オッカムが論理的吟味（ことばの吟味）によって出した結論である。その意味で彼は「神学」は否定した。しかし彼は、信仰内容について哲学的に吟味した神学者ではあった。そして哲学の学知としては、「ことばの吟味」である「論理学」だけに、彼は傾注したのである。それゆえ、彼の神学的主著は『論理学大全』なのである。

オッカムと似た現代の哲学者としてはエドゥムント・フッサール（一八五九年〜一九三八年）が居る。なぜなら、フッサールは、「哲学」は「客観的な意味での学知」でなければならないと考えて「現象学的方法」に訴えたからである。これはちょうど、オッカムが、神学が客観的な意味での学知であるためには、直観を根拠にしなければならないと言って、替わりに「論理学的方法」に訴えたことに類する。フッサールの「現象学的方法」は、主観的認識から客観的認識を、数学的手段を用いずに、哲学的叙述のみで構成する試みであった。しかしこの試みは、成功しなかった。彼の試みは、主観からの「客観への突破」と言われたが、真理性を伴うことはなかった。言い換えると、それは哲学が科学（客観的真理認識）を構成する失敗の試みに終わっていて、主観的認識のうちに客観的真理を発見するものではなかった。それゆえに、彼の哲学は「正しく生きるための知恵」に達するという、哲学本来の目的を失って、人間主観の現状分析に終始した。

彼の「現象学的方法」は、綿密な論理分析をともなうことで「擬似科学的」イメージをもつことができたが、そのために、実存主義者たちに、いかにも科学的真実らしく人間の不安な現状を解明する方法を与えた。しかし、アリストテレスの三段論法の推理を知っていれば、「生活の不安」を前提にすれば、どんなに別の前提を加えても、その前提からは、不安をぬぐう結論は出てこないことは、理論的に明らかである。つまり生の不安を前提にしている実存主義は、生の喜びの享受（幸福）を見出すことはできない。他方、プラグマティズムも、科学（客観）主義から脱していない。しかしソクラテス以来の哲学の本質は、主観の幸福を見出すことにある。したがって現代哲学の多くが、中世までは残っていた哲学の伝統を見失っていると言える。

ひるがえってオッカムの論理学も、それまで神学という衣を羽織ることで続いていた哲学の伝統を、あらゆる「ことば」を等しく平たく扱って吟味することによって、止めてしまった。なぜなら、論理的に「ことば」を吟味するとしても、目的もなしに「ことば」を吟味することは、哲学ではないからである。

むしろ哲学は、わたし（人間）が「ことば」でものごとを考えて「正しく生きる」ためにすることである。そのために持たなければならない「ことば」を見つけて、その「ことば」が誤っていれば、それを正しくするために「ことば」を吟味する。すなわち、「正義」、「勇気」、「節制」、「思慮」、「敬神」、などの美徳、「真理」、「善」、「美」、など、「生きる」ことを「良く」、「正しく」調えることを表示する「ことば」が、ソクラテスによって取り上げられ、吟味されてきた。その吟味が、生きた人間を介して、「哲学」の名で伝えられていたのである。

オッカムは、スコトゥスから親身に学ぶ機会がなかったためか、神学がもっていた多面的な伝統を受け継ぐことができなかった。そのことによって、オッカムは、論理学に傾注して中世の哲学を終わらせ、神秘主義を生み出す時代をつくったと言えるだろう。他方、現代のフッサールは、やはり数学から転向してスコラ哲学を師のブレンターノ（一八三八年～一九一七年）から短期に学んだだけだった。おそらくそのために、彼は哲学本来の力を学んで「ことば」の過ちに気づいて自分を変えるのではなく、たしかに「自然的見方」という「常識」を疑っているにしても、科学者が事実観察をするごとく、主観的現状を表現する「ことば」を確認することに哲学を制限してしまっている。そしてその哲学は、良く生きるための根拠を見出すのではなく、無根拠の日々（確かな自分の生をもたない日々）を生きるしかない人間を肯定するだけに至っている。

それに対して、わたしたちは中世を見返すことによって、中世神学がもっていた多面性に気づくことが出来る。すなわち、アリストテレス主義で言えば、自然学的形而上学的性格と、倫理学的政治学的性格の二重性、あるいは、知識としての性格と、知恵としての性格の二重性、あるいは、客観主義的性格と、主観主義的性格の二重性がもつ、豊かな可能性である。近代、現代の哲学は、その可能性を見失い、それだけ人間が自己を吟味する土台を狭めてしまっている。

16 学知とその対象の関係

神学は、神についての学知である。言い換えれば、神を対象としている学問であり、知識である。そして学問、学知、知識の三つは、「真理」と置き換えることができる。知識とは、「真である」と「知られている」ことだからである。したがって、神学とは、「神の真理」である。しかし、神はまるごとの真理であり、神がつくった世界も、まるごと真理である。わたしたちが偽りを見出すのは、現実の世界を前にして、誰かがその中につくった間違ったことを、真実だと勘違いして学ぶからである。現実の世界自体は、本来、真理である。もしもそれ自体が偽りであったら、わたしたちは現実の世界を探って真理を見出すことは永遠にできないだろう。それゆえ、一般的に世界は真理であり、同じく、その世界を造った神は、「真理である」。したがって、神は、それ自体が神学である。

しかし、このように論じても、神学が何かは、具体的に明らかにならない。それゆえスコトゥスは、学知とその対象についての一般論から神学について論じる。すなわち、学知とは、その対象がその内に含んでいる真理である、という見方を取る。ところで、「真理」は、学知において「命題」、すなわち、「真理文」のかたちで明らかにされる。たとえば、神学の真理は、「神」という一個の名辞では明らかにならない。述語をともなった「神は存在する」Deus est という命題のかたちで明らかになる。

ところで、ラテン語の文としては、「神」Deus が主語であれば、「それは存在する」est が述語である。ラテン語では、すべての動詞が必ず一定の人称をともなう。したがって文の中で、「存在する」という述語を主語から切り離しても、日本語のように述語のもつ意味を「存在する」だけにすることはできない。「述語となる動詞が主語の人称を含む[*14]」から、必ず「何か（わたし、あなた、彼、それ）が、存在する」という意味になる。それゆえ、ラテン語では（古典ギリシア語でも）「述語の動詞」だけで、実質的に「文」が成立し、それは、真理を語るだけの内容がある。つまり述語の動詞だけで、真理を表す命題ないし文になる。それゆえアリストテレスの「範疇論」は、「範疇」だけを論じても、「真理を語る論」として成り立つ。なぜなら、「範疇」とは、その元の意味は「述語すること」だからである。

したがってまた、「それ（人間、神）は存在する」は実体範疇である。そして人間や神は「生きて在る」ときだけ「存在する」と言えるのであるから、「神は存在する」という命題は「神は生きて在る」ことを意味している。そして述語されることが真理であるから、神について「生きて在る」ことが真理である。さらに述語は、スコトゥスによれば、もともと主語の内に含まれていると理解される。

したがって、スコトゥスによれば、神学は、神という主語をとったときに、その述語が意味している（含んでいる）すべての真理だと言うことができる。しかも、述語は、主語にもともと含まれていると見られる。スコトゥスは、それを「潜在的に含まれている」という言い方で表す。すでに説明したように、この論理によって、スコトゥスはアリストテレスの論理から離れている。ただしこの「潜在性」virtualitas という観点で事物を見る見方は、ケルンのアルベルトゥス学派から学んだようである。*15

したがって、学知は述語のうちに示された真理であり、なおかつ、スコトゥスによれば、その述語は主語のうちに潜在的に含まれていると、見られる。それゆえ、学知の対象は述語のうちに示された真理でなければならないとすれば、学知の対象は、真理を示す命題のうちでは、主語のうちに潜在的に含まれている真理である。

ところで、或る主語をとったとき、その主語については、偶然的命題と必然的命題の両方が作られる。なぜなら、事物は、それが何であれ具体的な現実の事物であれば、つねに一様な状態に在るのではなく、さまざまな状態に在るからである。たとえば、「神が在る」は必然的であるが、「神が世界を創造する」は偶然的である。あるいはまた、ことばによって「人が考える」と仮定されるなら、「それが生きて在る」は必然的に結論される命題である。しかし人が考えていても、「それが歩く」は、偶然的である。したがって、スコトゥスによれば、神学にも「必然的神学」と「偶然的神学」がある。そしてそれは、論理的に前提から結論が導き出されるときの「必然」、「偶然」とは異なる。

ところで、必然的神学は、スコトゥスによれば、神がつねに知性認識しているところの真理である。なぜなら、神は、すべての真理をつねに知性認識しているから、そこに変容がないからである。この真理は、世界が含む必然的ことがらに反映している。なぜなら、世界は、神の知性認識になぞって作られるからである。他方、偶然的神学は、スコトゥスによれば、神がその意志をはたらかせることがらの真理である。すなわち、世界は神の意志によって作り替えられる。世界に起こる偶然は、それゆえ神の意志のはたらきだと見られる。ところで、神の意志とは、神の愛である。それゆえ、人間はその愛に応えて生きることが、信仰に従って生きることである。なぜなら、「信仰」は、聖者フランシスコの精神に従うなら、何よりも「神を愛する」ことだからである。

17　実践学としての神学

トマス・アクィナスにおいては、神学は理論学と実践学の両方を含み、しかしどちらかと言えば、理論学だと言われていた。[*16] これはすでに述べたように、神学が客観的真理と主観の真理を含む学であり、それに従って、形而上学的部分と倫理学的部分を含むからである。つまり哲学は、本来は、主観の真理を扱う学としてソクラテスによって始められたが、弟子のプラトンが、ピュタゴラス学派から学んだ客観的真理についてもソクラテス的問答で扱うことを付け加えた結果、その後、哲学は両者を扱う総合的な学知と見られるようになった。そしてプラトンの弟子アリストテレスは客観的真理を究明する理論的学知としての哲学を優先させた。

したがって、アリストテレスをとくに重視したアルベルトゥス・マグヌス、トマス・アクィナスなど、ケルンの研究所に居たドミニコ会の博士たちは、理論的学は実践的学に対して優位なものだと見ていた。同じような姿勢をもつ近代の哲学者に、一八世紀ドイツのカントが居る。なぜなら、カントも『純粋理性批判』で客観的真理の規準を究明したあと、『実践理性批判』を書いているが、後者の方がはるかに探究は小規模だからである。

それに対して、プラトン哲学やストア哲学は、主観の真理を重視しつづけた。そして、それは「アウグスティヌス主義」として中世哲学の基盤となっていた。

すでに述べたように、「アウグスティヌス主義」は、理性による選択の自由にもとづいて意志のはたらきがあるのではなく、人間の意志が生来的に自由であることが、意志の生来的善であると見て、理性よりも意志の善性を信頼する傾向をもった。この傾向はアンセルムスにおいて明らかである。すなわち、アンセルムスは、理性と意志の正しさ、真理性は、一様に、そのはたらきが「まっすぐであること」rectitudoだと言っている。言うまでもなく、「まっすぐである」とは「歪んでいない」ことであり、後者の「歪み」は罪によるものであり、前者の状態は、それ以前の魂の状態、あるいは、神による罪の許しのあとの魂の状態と、アンセルムスが考えていたことを、その表現自体がにおわせている。それゆえ、まっすぐな心をもつ誠実な修道士アンセルムスにとっては、祈りの生活を守り、罪を誘うと思われる「便益」に惑わされないようにしたうえで、何事であれ、考えることが、思考を吟味して、理性と意志を生来の正しさに保つことだと考えていた。

その後のアリストテレスの到来は、アウグスティヌス主義の伝統に混乱をもたらした。とはいえ、俊才のスコトゥスは、精妙に理性と意志を区別して、かならずしも理性に惑わされずに生来の自由を意志が保つことができると論じた。それによって、むしろ意志の自由に合わせて、理性が正しくはたらく可能性を論じることができたのである。

じっさい、スコトゥスは、「実践的認識」とは、意志のはたらきに合わせてはたらくことができる認識だと言う。つまり理性が正しい行為を示す認識（実践的認識）をもったとき、その認識が必然的に意志のはたらきを正しいはたらきに導くのではない。むしろ理性は正しい意志のはたらきと一致する可能性（傾向性）をもつことにおいて正しいだけである。言い換えれば、正しい意志は正しい理性と一致するに違いないけれど、それは一方が他方を規定することによるものではないというのである。

スコトゥスの考えを明らかにするために、対立するアリストテレスの立場を簡略に見ることから始めよう。

アリストテレスは『霊魂論』第三巻第十章でつぎのように言っている。

だからこれら二つのものが場所的運動をひき起こすものである、すなわち、それは理性と欲求である、しかし理性と言っても、それは或るもののために算段する理性、すなわち、実践的理性のことである。そしてこれは理論的理性から、〔この「ため」という〕目的によって異なっている。しかし欲求もまたそのすべてが或るもののために欲求する。というのは、欲求の目ざしているもの、それが実践的理性の出発点であるからである。[*17]（山本光雄訳）

アリストテレスは、理論理性を実践理性から区別する。この区別が起こる原因は、実践理性は目的のために算段する特別の理性だからである。つまり実践理性は未獲得の「目的」を出発点として考察する理性である。そして、この「目的」は、欲求がそれに向かって動くものである。要するに、アリストテレスが見ている世界では、本来の理性である理論理性は、欲求とは無関係に真実を考察する理性である。しかしながら、人間は生き物として「欲求」をもつ。そして欲求は何らかの目的をもつ。つまり欲求は何かを獲得しようとしていて、その何かが欲求の目的である。理性が、欲求の目的を考察の出発点とするとき、そこに現れるのが実践理性である。

つまり「実践理性」は、行為の目的とそれに至る手段を考察する、という理解である。そして「意志」は、欲求なので、それは目的に向かって動くはたらきだと、アリストテレス主義の哲学は理解する。そしてこの理解は、アリストテレス主義の広まりによって、一般的に常識化している。じっさい、わたしたちは、目的と手段の対比でものごとを考え、目的を獲得する手段をうまく算段することが、実践理性のはたらきだと考えている。

すでに触れたように、アリストテレスは、一般的にものごとを対象化（＝客観性）して見る。それは彼が、自然学の方面で顕著にすぐれた論述を残していることにあらわれている。他方、アウグスティヌス、アンセルムスの伝統を承けたスコトゥスは、一方で自己の主観性を真理の規準と見なす。そして彼は、意志がもつ「意欲」volitio のはたらきのうちに「正しさ」をもたらすものは、「神の愛」であると見なければならないことに気づいている。なぜなら、それが「信仰」だからである。たしかに、一方で、信仰内容の「教え」は、理性を正しくする教えに違いない。しかし、「神の愛」は、理性（理解）ではとらえきれないはたらきである。なぜなら、それは神の「霊」spiritus だからである。

したがって、「神の愛」を受け取るのは理性ではなく意志である。しかし、すでに触れたように、ヨーロッパのキリスト教において「神の愛」は魂を満たす「喜び」dilectatio である。あるいは、「感謝」gratia である。神の愛は、意欲を、離れた目的に向けて激しくするはたらきではない。むしろ意欲に「安息」quietatio を与えるものである。つまり人が現に幸福に生きる根拠となる。言い換えれば、「よく生きる」ことを実現することである。したがって、幸福が目的であるならば、神の愛を受け取っている意志において、すでに目的は実現している。そしてそれは神の正義が実現していることである。

ところが、アリストテレスが言う「目的」は、なんらかの未獲得の「もの」であって、「現状」（様相）ではない。アリストテレスが言うように、人間が目的に向かうものだと理解することは、キリスト教会が、この世の人生を、「神に会うとき」を目的とした「旅の途上」であると教えることと、或る意味では一致している。

しかしながら、アリストテレスの目的論は神の霊を受けてこの世で「幸福」を実現する、という「神の愛」の教えとは一致しない。なぜなら、目的地に向かう旅の途上なら、辛いことがあっても、希望を抱いて生きる、ということになる（英語の「旅」travel が「苦境」trouble との関連語であることは周知のことだろう）が、他方、信仰によってすでにこの世で幸福であり、喜びに安息するのなら、そのときにはもはや「辛い」ことはないからである。

スコトゥスは、彼の精妙さと慎重さによって、いずれの立場も「神学」のうちに取り込んでいる。それは彼が「カリタス」について論じている箇所で、五つの立場を並行的に扱って、どれも否定できない立場を彼が示していることからも、うかがうことができる。*18

拙著では、彼の精妙な議論をなぞってみる余裕はない。したがってここは彼の論述の全体的傾向から、彼の視点が読者にも見当がつくように説明しようと思う。

18
「われわれの神学」theologia nostra は、「実践的神学」theologia practica である

すでに述べたように、トマス・アクィナスはアリストテレスにおおむねしたがっている。すなわち、神学は、形而上学その他の哲学を「はしため」（下女）として、それらを監督する理論的学だと見なした。トマスが所属したドミニコ会は、異端を告発し、正統教義を説諭することを職務にしていた。それゆえ、トマスの神学は、その「裁き」のための理論（法）を構築する神学だった。

それに対して、スコトゥスは、神学は「学知」というより「知恵」と見なして、それ自体を形而上学やその他の学知とは全く異なる性格の学として切り離している。つまりそれらとは相関関係（秩序）を別にしている。[*19] このことが意味するのは、「神学」は、ほかの学知のことは気にしなくていいものだ、ということである。つまりスコトゥスによれば、神学は、形而上学とは全く独立に学ぶことができる、ということである。

ところで、すでに述べたように、哲学は、主観の真理を明らかにする。つまり「わたし」においてて見出された事実が、他の「わたし」にも「共通に正しい」こととして見出される。吟味によってその事実を明らかにする。この主観の真理は、「わたし」が直接に経験する「生々しい」認識である。たしかにそれの「共通性」は、「ことば」によって他者に通じる必要をもつ。しかし、かならずしも、それが「わたし」と第2者との間で、「一様に対象化」される必要は無い。お互いに相手の思いが自分の思いと違っていても、それをお互いに「ことば」で正しいと知るだけで十分である。なぜなら、違っていても、その違いが相手に正しく「通じる」のなら、真理であるための「共通性」がすでに成立しているからである。

すなわち、主観の真理は、論理的に言って、「わたしたち」（複数の一人称）を主語として認識を「一様に対象化」する作業の「前に在る」。したがって、対象化された認識は主観的真理に後続するものであるから、一様に対象化して見いだされる「客観的真理」（科学的真理）に依存していない。むしろ客観的真理のほうが、主観的真理に「科学的方法」（一定の観察手段、統計的処理、数学的計算）を結びつけて、主観の後に、つまり後続して一定の姿で「作られる」ものである。したがって、哲学は、科学を前提にしていない。科学抜きに、哲学は哲学で主観の真理を明らかにすることができる。

そして主観の真理は、「わたし」がどうしたら「正しく生きる」ことができるかを教えてくれる真理である。それゆえ、それは「わたし」が「よく生きる」ことを実現し、「幸福に生きる」ことを実現する真理である。したがって、スコトゥスが「われわれの神学」の地位が独立したものだと言っている事実は、彼が、ソクラテス以来の哲学、すなわち、主観の真理を追究する哲学の伝統を、中世スコラ哲学の神学において回復していると、言うことができる。

ところで、アウグスティヌスにならって哲学したアンセルムスにおいて、意志の本来的な正しさが意志の真理であり、理性の本来的な正しさが、理性の真理であることが言われていた。本来的とは、生来的、すなわち、罪なしに「生れついたまま」であれば、ということである。理性も意志も、生れついたままに正しくはたらくなら、それらのはたらきは、また一様に「真理」である。なぜなら、神が作ったそのままの魂は、良く、正しいはたらきをするものに違いないからである。したがって本来の理性は、「一定の社会において一致した科学的方法」を加えた「客観的理論理性」ではなく、一人一人に生まれついたままの「主観的理性」である。他方、生まれつきの意志とは、生まれつきの欲求である。その生来的欲求とは、「生命的欲求」、単純に、「生きていこうとする意欲」である。それゆえ、それは一人一人の主観的理性と齟齬がないものである。つまりその二つは、一つの魂と見なすことができる。

ところで、このような各人の、意欲を含んだ主観的理性は、理論的理性ではなく、実践的理性である。なぜなら、純粋理性ではなく、生きる意欲をもつ理性だからである。そしてスコトゥスによれば、神学は、神が教えた信仰内容に理性的（推理的）関係を見出す学知である。言うまでもなく、信仰内容は、人間（わたし）が共通に正しく生きるための「ことば」である。それは、主観的真理である。それゆえ、「われわれの神学」が複数の「わたし」のものであっても、主観的理性にもとづく実践学であることは明らかだと、スコトゥスは考えている。

こうして、スコトゥス神学は、アリストレス哲学の影響を受けつつも、正当な哲学の伝統を中世期の最後に回復しようとする姿を見せている。ただ、まだ四〇代の若さで亡くなったと推定される彼の「神学」の規定に関する考察は、残念ながら多くの混乱を含んでいることは否めない。彼が死の直前、パリ大学の神学教授の地位から解放されたとき、そのままケルンに向かったのは、彼がいまだ問題をかかえていたことを証明していると言えるだろう。

註

序説

＊1　デカルト『精神指導の規則』規則第七、野田又夫訳、岩波文庫、一九五〇年。

第1章

＊1　ブロッキエーリ『エロイーズとアベラール』白崎、石岡、伊藤訳、法政大学出版局、二〇〇四年。

＊2　アベラルドゥス『然りと否』序文、大谷啓治訳「中世思想原典集成」第7巻、上智大学中世思想研究所編、平凡社、一九九六年、五〇一—五二三頁。

＊3　教師と学生の組合は、自主的につくられるものであるから、はじめから教会や王による公的な許可を受けたものではない。それゆえ、パリでも、オックスフォードでも、十二世紀中に大学はあったに違いないが、公的記録は残っていない。ちなみに「大学」は、universitas（一つのものに向かって在る）という名で呼ばれる組合であった。

＊4　誤解のないように付け加えるが、彼は教会から譴責を受ける。その意味は、修道士身分をはく奪されることである。したがって、彼が修道士であったという事実は、文書上は消されている。

＊5　アンセルムス『モノロギオン』序：日本語訳古田暁「アンセルムス全集」聖文舎、一九八〇年。

＊6 詳しくは、八木雄二『ソクラテスとイエス』春秋社、二〇二〇年。
＊7 八木雄二『神の三位一体が人権を生んだ』春秋社、二〇一九年。
＊8 ブロッキエーリ『エロイーズとアベラール』白崎、石岡、伊藤訳、法政大学出版局、二〇〇四年。また清水哲郎解説「アベラルドゥス、ポルフェリウス註釈（イングレディエンティブス）」、「中世思想原典集成」第7巻、上智大学中世思想研究所編、平凡社、一九九六年、四三四—四三六頁。
＊9 プラトン著『ソクラテスの弁明』28E-29A; 解釈は、八木雄二『ソクラテスとイエス』春秋社、二〇二〇年、二六三頁以下。
＊10 アンセルムス『真理について』第二節：古田暁「アンセルムス全集」聖文舎、一九八〇年、二五六頁。ただし古田訳では、オラティオ（表明）とエヌンティアティオ（陳述）を、どちらも「命題」と訳している。
＊11 一般的に言われる「修道院神学」の概念に対して、ここでは違った意味をつけた。一般に流布した概念については、古田暁「前期スコラ学総序」：「中世思想原典集成」第7巻、上智大学中世思想研究所編、平凡社、一九九六年、一〇頁。
＊12 ディオニュシオス・アレオパギテス『天上位階論』第四章第三節、今義博訳、「中世思想原典集成」第3巻、上智大学中世思想研究所編、一九九四年、三七一頁。
＊13 Theodoricus de Vriberch, De animatione caeli. 4,2; 山崎達也「エックハルトのテーゼ「神は知性認識なり」における神学的意味とその哲学的背景」『西洋哲学史の再構築に向けて』八章：渡邊二郎監修、哲学史研究会編、昭和堂、二〇〇〇年、一九五頁。
＊14 アルベルトゥス・マグヌス「ディオニュシウス神秘神学註解」須藤和夫訳：「中世思想原典集成」第13巻、上智大学中世思想研究所編、平凡社、一九九三年、五〇二頁。
＊15 すでに書かれてから百年が経とうとしているE・ジルソンの『ヨハネス・ドゥンス・スコトゥス』（一九

五二年）においては、スコトゥスはアラビアの哲学者アヴィセンナの影響が顕著であり、トマスのほうは、アヴェロエスの影響が強い、という解釈がなされていた。しかし最近の研究は、異なる歴史を見せている。「在る」は、日本語でも動詞であるが、「在る」の反対語「無い」は、形容詞である。つまり名詞的な扱いを受けている。本来の「在らぬ」から、「無い」に変化した歴史については寡聞にして知らないが、日本語には「在る」がそもそも動詞扱いされない性質があるのではないかと思われる。じっさい、日本語の「在る」ということばのイメージには、動的なイメージはない。むしろ静止的である。

＊17 Scotus, Ordinatio I, distinctio8, n.138; ヴァティカン版（ラテン語版）「スコトゥス全集」第四巻、一九五六年、二二二頁：ドゥンス・スコトゥス著、八木雄二訳註『存在の一義性、ヨーロッパ中世の形而上学』知泉学術叢書9、知泉書館、二〇一九年、五四九頁。

＊18 八木雄二『カントが中世から学んだ「直観認識」――スコトゥスの「想起説」読解』知泉書館、二〇一七年。

＊19 スコトゥス『オルディナチオ』第一巻第三区分、八木雄二訳「中世思想原典集成」第18巻、上智大学中世思想研究所編、平凡社、一九九八年、一九一頁。

＊20 同右書、一八八頁。

＊21 スコトゥス『オルディナチオ』第二巻第三区分、渋谷克美訳、前記「中世思想原典集成」第18巻、二一七―三一六頁。

＊22 ウィリアム・オッカム『命題集第一巻註解（オルディナチオ）』清水哲郎訳：「中世思想原典集成」第18巻、上智大学中世思想研究所編、平凡社、一九九八年。

＊23 Scotus, Ordinatio III, distinctio 14, nn115-6 ヴァティカン版（ラテン語版）「スコトゥス全集」第九巻、二〇〇五年、四六九―四七〇頁。

＊24　カミュ『異邦人』（一九四二年）の主人公は、利己的な生き方に疑問を懐かないまま、理由なき（不条理な）殺人を起こした罪で、裁判で死刑になる。サミュエル・ベケット『ゴドーを待ちながら』（一九五三年初演）には、いつかわからない神の再来を待つことを舞台背景にして、相手の言うことを、聞いているのか聞いていないのかわからない数名の人間のやり取りが演じられる。言うまでもなく、すでに二千年の間、彼らが待っている神の再来はなかったのだから、この「待つ」感覚は、個々の日本人の人生における「阿弥陀如来の来臨を待つ」感覚と、かならずしも同じとは言えない。なぜなら、阿弥陀如来は、祈れば（念仏を唱えれば）、個々人の臨終に際してかならず来迎するのであるから。

第2章

＊1　プラトン『パイドン』67C以下、『ソピステス』226D以下、等。

＊2　アンセルムス自身は、わたしがここで示した形でことばの吟味をしたのではなく、「正しい三段論法」を示して生徒に「ことばの吟味の仕方」を教えている。しかしその内容を詳らかにするには別の一冊の本が必要になる。

＊3　『エックハルト説教集』田島照久編訳、岩波文庫、一九九〇年、九七頁、二四八頁：「魂がわがものであるかぎり、魂はけっして神のものではない」、「純粋な離脱はひとつの純粋な無に立っている」

＊4　キケロ著『スキピオの夢（国家論の一部）』、『ストア派のパラドックス』、『法律について』、『善と悪の究極について』、『神々の本性について』、『運命について』：「キケロ―選集」八巻、九巻、一〇巻、一一巻、岩波書店、二〇〇〇年。

＊5　オッカム『命題集第一巻註解』：清水哲郎訳「中世思想原典集成」第18巻、上智大学中世思想研究所編、

平凡社、一九九八年、五七八頁。ただし訳語は変えている。

*6 アウグスティヌス『神の国』第十四巻第六章。服部栄次郎訳（岩波文庫）では、「わたしたちが、わたしたちの意志に反して起こるところのものと一致しないとき、そのような意味は、悲しみである」。あるいは、同巻第七章「避けるべきことがおこったとき、そのことを感じる愛は悲しみとなるのである」。

*7 「感情」の理解については、別の視点からすでに言及した。八木雄二『神を哲学した中世』新潮選書、二〇一二年、一九一頁以下。

*8 ドゥンス・スコトゥス『オルディナチオ』第一巻第一区分第三部一七八段（ヴァチカン版ラテン語全集第二巻一一六頁）。

*9 「マタイによる福音書」二六章三八節。

*10 アウグスティヌス『神の国』第十四巻第九章

*11 山田晶著、アウグスティヌス『告白』解説、「世界の名著」第14巻、中央公論社、一九六八年。

*12 アウグスティヌス『神の国』第十三巻第十三章、第十四巻第六章

*13 一般に「意志」と「自由選択」は、いずれも日本語訳では「意志」とか「意思」、あるいは「自由意志」と訳されていて、とくに区別されて訳されていない。

*14 以下、アンセルムスの著作翻訳は『アンセルムス全集』古田暁訳・解説、聖文舎、一九八〇年参照。

*15 この rectitudo の「正しさ」は、古田暁は、「せいちょく」と訳して「正直」の字を当てている。興味深いことに、日本においても本居宣長が、「直毘の御霊」と言って、心の素直さ（「直さ」）を日本古来の美徳として見出している。

*16 アンセルムスの時代にも、人間身体（眼球）の解剖をともなう知識があったらしい。これはイスラム世界から早めに伝わったアラビア科学に由来するものだと推定される。

＊17　デカルト『省察』三木清訳、岩波文庫、一九四九年、八五頁（第四省察）。
＊18　ヨーロッパでは「自由」は、なによりも重んじられるので、そのため「主知主義」には知性を重んじるニュアンスがある。
＊19　アンセルムス『プロスロギオン』一章、古田暁訳「アンセルムス全集」聖文舎、一九八〇年、一五二頁。
＊20　八木雄二『神の三位一体が人権を生んだ』春秋社、二〇一九年：小倉貞秀『ペルソナ概念の歴史的形成』以文社、二〇一〇年。
＊21　『エックハルト説教集』田島照久編訳、岩波文庫、一九九〇年、六八頁。
＊22　同上、一二四頁。
＊23　同上、三九頁。
＊24　同上、五九―六〇頁。
＊25　「マタイによる福音書」二五章一四―三〇節。

第3章

＊1　トマス・アクィナス『信仰箇条と教会の秘跡に関する説明』
＊2　ラテン語で「花が咲く」は floret、他方「花」は flos。名詞のほうが動詞から生じている。
＊3　ドゥンス・スコトゥス「命題集註解（オルディナティオ）第二巻」渋谷克美訳、第四問、（九〇）：『中世思想原典集成』一八巻、上智大学中世思想研究所、平凡社、一九九八年、二五五頁。
＊4　ドゥンス・スコトゥス「命題集（オルディナティオ）第二巻」渋谷克美訳、『中世思想原典集成』一八巻、上智大学中世思想研究所編、平凡社、一九九八年。

＊5　これについてはすでに言及した。八木雄二『神を哲学した中世』新潮選書、二〇一二年、一二四頁。
＊6　ローマ教皇ヨハネ・パウロ二世、一九九二年、七月六日の「聖者」の宣言、及び、翌年の三月二十日祝賀の席での「福者」の発言。
＊7　トマス・アクィナス『神学大全』第一部、第一問、山田晶訳、「世界の名著　続5」中央公論社、一九七五年。
＊8　アウグスティヌス『神の国』第十一巻第二章。
＊9　ドゥンス・スコトゥス『オルディナチオ』序、第一部、唯一問題、ヴァチカン版（ラテン語）全集第一巻（一九五〇年）、一一頁。
＊10　同上、二二頁。
＊11　同上、九頁。
＊12　同上。
＊13　同上、序、第三部、第一～三問題、ヴァチカン版全集第一巻、九五―九六頁。
＊14　日本語には人称がないことについては、井上逸兵著『英語の思考法』ちくま新書、二〇二一年、八七頁。
＊15　渡邊二郎監修、哲学史研究会編『西洋哲学史の再構築に向けて』昭和堂、二〇〇〇年、一九九頁（山﨑達也：エックハルトのテーゼ「神は知性認識なり」における神学的意味とその哲学的背景）。
＊16　トマス・アクィナス『神学大全』第一部、第一問、第四項。
＊17　アリストテレス全集6『霊魂論』山本光雄訳、岩波書店、一九六八年。
＊18　ドゥンス・スコトゥス『オルディナチオ』第一巻第一七区分第一部「カリタス徳について」ヴァティカン版（ラテン語）全集第五巻（一九五九年）。
＊19　ドゥンス・スコトゥス『オルディナチオ』序、第四部「学知としての神学について」ヴァティカン版（ラ

テン語）全集第一巻（一九五〇年）。

おわりに

この本の最後の章を書いていたとき、たくさんのことを書いて来たにもかかわらず、まだ書き足りない何かがあるはずと、わたしはあれこれ迷うようになった。そのとき、わたしは自分が書く文章が混乱してひどいものになりはじめていることに、気が付いた。

ふとしたきっかけがあって、島崎藤村の『夜明け前』を図書館で見つけて読み始めた。「木曽路はすべて山の中である」。木曽路の美しい自然描写に始まるこの作品は、落ち着いたことばの運びでもってわたしのはやる気持ちを静め、落ち着かせてくれた。そして、日本語を大事にすることを、あらためて思い起こさせてくれた。

そして藤村の見方であろうが、日本の「中世」は、社会制度に守られた武士がほしいままにした時代であり、それが、尊王（倒幕）と攘夷（外国人排斥）の運動にもまれながら、壊れて行くのが、明治の始まりであった。主人公の半蔵は、木曽路の本陣を守りながら、新しい世の中が来ることを期待し、自分でも、本居宣長を学び継いだ平田篤胤の国学の門人となり、日本の「復古」を目指して、できるかぎりの協力をする。維新を迎えて、古くから続いた本陣の役目も、その他の職も、こだわらずに捨てる。しかし、現実には、彼が信じた国の進歩は、既得権や古い恨みにこだわった士族のために、十数年で中途半端に止まってしまった。木曽路の山の中で真摯に思想の夢を追っていた彼は、狂人となって座敷牢に入れられ、その中でさびしい死を迎える。

恥ずかしながら、この時代のことはよく知らなかった。藤村の描き出した歴史を通して、今頃になって明治維新の本当の姿を見たような気がした。征韓論に始まり、その後、対中戦争へと進んでいった日本の本質が、既得権にこだわった一部士族の醜い執着にあることが、この作品を読んで、見えたような気がした。切腹して見せる彼らの潔さも、根底にあるのは醜い執着でしかない。第二次大戦でも、最近のアフガニスタンでも、一般庶民を国外に送り込んでおきながら、いざとなれば置き去りにする政治も、尊王攘夷を日本の美しい伝統と言いつくろう人々の精神も、今もって変わらない。しかし他方で、ヨーロッパの中世が始まり、終わるまでの哲学の変遷を書いて来たわたしは、日本の時代の変遷の背景にも、変遷を後押しするだけの思想が、それでもたしかにあったのだと、思うことができた。

とはいえ、時代が変わることで、その変遷を後押しした「思想」は人々の間で生きたものではなくなり、「骨董品」のように、はたから眺められ、後世の人々によって過去の「歴史」として語られるだけのものになる。

しかし、これは「思想」というものの運命なのだろうか。

哲学することが盛んなヨーロッパには、本居宣長級の学者は、大勢居る。ヨーロッパの中世では、僧である学者がもっぱら思想を磨いた。思想は錬磨されていくうちに、その内部で革新が起こる。しかしひとつの時代を終える苦難のなかで、その革新に気づかないまま、人はつぎの時代を迎えるのである。現代のヨーロッパにおいて、中世の思想は、やはり骨董品扱いである。ヨーロッパでも、真剣に一から学ぶ人はまれである。

しかし思想は、それを生かすも殺すも、生きている人間の学び方しだいである。古い時代の学者が考えたことであっても、学び方を間違わなければ、今のわたしたちの生を導き、豊かにしてくれる。中世の思想であっても、それは同じなのだ。なぜかと考えて見れば、精神的に「人が生きる」ことに、言い換えれば、「心が生きる」ことに、むかしも今も、なんら違いは無いから、というのが、言い古されたことかもしれないが、老いを迎えたわたしの実感だ。それが身に染みて分かってきた。そして若い頃からの歩みを振り返ってみれば、それぞれが何か意味のあることだったのだと思える。若い頃の胸の痛みも、きのうのことのように思い出す。わたしは、日々、自分が過ごした日々を、心の中で生き直しているだけかもしれない。これから先、そんな日が死期を迎えるまで続くのだろうと思う。

最後に、故人となられた方も含め、何かと助けていただいた方たちに、感謝して筆を置きたいと思う。

令和三年　十月

著者略歴

八木雄二　*Yuji Yagi*

1952年、東京生まれ。慶應義塾大学大学院哲学専攻博士課程修了。文学博士。専門はドゥンス・スコトゥスの哲学。現在、清泉女子大学非常勤講師、東京港グリーンボランティア代表。東京キリスト教神学研究所所長。著書に『スコトゥスの存在理解』(創文社)、『イエスと親鸞』(講談社選書メチエ)、『中世哲学への招待』『古代哲学への招待』(平凡社新書)、『「ただ一人」生きる思想』(ちくま新書)、『神を哲学した中世――ヨーロッパ精神の源流』(新潮選書)、『カントが中世から学んだ「直感認識」』(知泉書館)、『天使はなぜ堕落するのか――中世哲学の興亡』『聖母の博士と神の秩序――ヨハネス・ドゥンス・スコトゥスの世界』『哲学の始原――ソクラテスはほんとうは何を伝えたかったのか』『裸足のソクラテス――哲学の祖の実像を追う』『神の三位一体が人権を生んだ――現代思想としての古代・中世哲学』『ソクラテスとイエス――隣人愛と神の論理』(春秋社)など。訳書にドゥンス・スコトゥス『存在の一義性――ヨーロッパ中世の形而上学』(知泉書館)、『中世思想原典集成』(共訳、平凡社)など。

「神」と「わたし」の哲学
キリスト教とギリシア哲学が織りなす中世

2021年12月20日　第1刷発行

著　者――――八木雄二
発行者――――神田　明
発行所――――株式会社　春秋社
〒101-0021 東京都千代田区外神田2-18-6
電話 03-3255-9611
振替 00180-6-24861
https://www.shunjusha.co.jp/
印　刷――――萩原印刷　株式会社
装　幀――――芦澤泰偉

Printed in Japan, Shunjusha.
ISBN 978-4-393-32395-3
定価はカバー等に表示してあります